Quaderni di scrittura ASSiMiL

Ebraico
Le basi

di
Shifra Jacquet-Svironi e Roger Jacquet

revisione, traduzione e adattamento in italiano di
Chiara Pilocane

Assimil Italia s.a.s.
C.P. 80 - 10034 Chivasso (TO)
info@assimil.it

www.assimil.it

Care lettrici e cari lettori,

benvenuti nel cuore di una tradizione antica duemilacinquecento anni...

La scrittura ebraica che imparerete risale circa al V secolo a.C. ed è quella che si usa ancora oggi in Israele. Come vedrete, l'alfabeto vero e proprio è costituito di sole consonanti, cui si aggiungono, ma solo in certi casi, dei segni diacritici utili a indicare le vocali.

La scrittura ha un'importanza notevolissima nella tradizione ebraica, una tradizione che – soprattutto a iniziare dalla conquista romana di Gerusalemme del 70 d.C. e ancor più dall'espulsione degli ebrei dalla città nel 135 d.C. – si è fondata e perpetuata grazie al legame con il testo biblico. Il valore della scrittura nella vita umana più in generale è sottolineato nel Talmud, Trattato Pessakhim 54a, dove leggiamo che fu una delle dieci cose create da Dio alla fine del settimo giorno.

Il quaderno che vi presentiamo è composto da una breve introduzione dedicata alla lingua e alla scrittura ebraica, da una sezione in cui si illustrano per sommi capi pronuncia e grafia delle singole consonanti, indicandone anche alcune interpretazioni simboliche, e dalla parte pratica, in cui vi insegneremo a scrivere correttamente, in scrittura quadrata e corsiva, le consonanti e le vocali, con la possibilità di esercitarvi subito nella grafia di alcune parole ed espressioni. Infine, troverete alcune considerazioni sull'uso delle lettere come numeri e un paio di indicazioni bibliografiche.

Alle pp. 11-12 è riportata una tabella delle consonanti con la rispettiva traslitterazione.

Titolo dell'opera originale: Cahier d'écriture Hébreu, les bases © *Assimil France 2017*

Sommario

LINGUA E SCRITTURA EBRAICA: UN PO' DI STORIA 5

L'ALFABETO EBRAICO 11

LE LETTERE A UNA A UNA 13

SCRIVERE LE CONSONANTI 24

LE VOCALI 57

VOCALI E SILLABE 63

ALCUNE PAROLE 73

SIMILI MA NON IDENTICHE 103

ERRORI COMUNI QUANDO SI SCRIVE IN EBRAICO 105

ALCUNE ESPRESSIONI DI USO CORRENTE 107

QUALCHE PROVERBIO 121

L'USO DELLE LETTERE COME NUMERI E IL CALENDARIO 125

OSSERVAZIONI CONCLUSIVE 128

Lingua e scrittura ebraica: un po' di storia

Anche se quello che vi presentiamo è un quaderno di scrittura, nel titolo di questo capitolo abbiamo dato priorità alla lingua. Non solo perché prima l'uomo ha parlato e solo dopo ha messo per scritto alcune delle cose che diceva, ma anche perché nei pochi cenni che seguono affronteremo prima il tema della lingua ebraica e poi quello dei segni utilizzati per scriverla, due argomenti affatto diversi anche se strettamente collegati.

La lingua

La lingua ebraica antica

L'ebraico, probabilmente lo sapete, appartiene al gruppo delle lingue semitiche, molto numerose e più o meno simili fra loro. Queste lingue, in origine attestate nel Vicino Oriente, poi nella Penisola Araba e in seguito anche in Nord Africa e in altre zone, furono ricondotte dagli studiosi a un'unica ampia famiglia: il termine "semitiche" utilizzato per definirle fu coniato da A.L. Schlözer nel 1781 sulla base di Genesi 10. Senza addentrarci in disquisizioni accademiche, sappiate che l'ebraico appartiene al sottogruppo delle lingue semitiche nord-occidentali.

L'ebraico antico o, meglio, il primo ebraico che conosciamo perché attestato in forma scritta, non era in realtà una lingua con status autonomo: era uno dei dialetti del cananaico, la lingua parlata dai popoli che abitavano il territorio non molto esteso di Cana'an, compreso fra Tell Sukas a nord e Gaza a sud. I dialetti del cananaico, estremamente simili l'uno all'altro, erano, oltre all'ebraico, il cananaico meridionale, il fenicio e il moabitico.

Il "primo" ebraico si formò verosimilmente verso il X secolo a.C. intorno a Gerusalemme ed è attestato a iniziare dal IX secolo, epoca alla quale si fa risalire il più antico testo biblico, ossia il Cantico di Debora (Giudici 5). Si conservano anche alcune, purtroppo poche, evidenze epigrafiche, datate all'VIII secolo.

Con la conquista di Gerusalemme da parte di Nabucodonosor nel 587 a.C. la Giudea perse la sua indipendenza politica e l'ebraico come lingua parlata fu gradualmente sostituito dalla lingua franca dell'impero babilonese, l'aramaico, un'altra lingua semitica. L'ebraico restò in uso nella liturgia e nella letteratura religiosa in genere, un po' come il latino nella Chiesa.

Si definisce questo ebraico più antico "ebraico biblico" proprio perché è lingua attestata quasi esclusivamente nella Bibbia; consideriamo sempre però che la sola testimonianza della Bibbia, in ebraico **Tanakh** תנ״ך, acronimo di **Torah** תורה (Legge), **Neviim** נביאים (Profeti) e **Ketuvim** כתובים (Scritti), non può rendere tutta la ricchezza della lingua (-dialetto) quando questa era parlata: quello che si studia come ebraico biblico è per forza di cose una lingua solo letteraria. Viceversa, a compensare questo limite nella tipologia testuale e dunque nel ventaglio morfologico e lessicale, il **Tanakh** è particolarmente "indicativo" dal punto di vista cronologico, poiché testimonia un periodo della vita dell'ebraico biblico molto lungo, dai testi più antichi a quelli composti a ridosso dell'Era Volgare; nei libri più recenti affiorano svariati arameismi e sono attestati ampi passi *tout court* in aramaico, appunto per l'influenza che la lingua parlata aveva sullo scritto; qua e là si riconoscono anche alcuni grecismi.

Ricordate infine che non sappiamo come questa lingua antica fosse pronunciata. Oggi la leggiamo applicando la pronuncia dell'ebraico moderno, o israeliano, cioè leggendo secondo la tradizione sefardita (degli ebrei di origine spagnola) medievale, ma questa è con ogni probabilità una lettura molto lontana da quella originaria. Prova ne è il fatto che si rileva una differenza notevole già nei confronti della più antica testimonianza a nostra disposizione della pronuncia dell'ebraico biblico, che risale al III secolo d.C. ed è dunque a sua volta, comunque, molto distante dall'epoca della redazione dei testi. Questa antica testimonianza della pronuncia dell'ebraico biblico si trova nelle Esaple di Origene, un'opera imponente che affiancava sei versioni dell'Antico Testamento, ossia l'ebraica consonantica, la traslitterazione in greco dell'ebraico e le versioni greche di Aquila, Simmaco, Settanta e Teodozione. Le Esaple sopravvivono purtroppo solo in frammenti e in citazioni presenti in testi successivi, ma il poco che resta della seconda colonna, ossia la traslitterazione in caratteri greci del testo ebraico, attesta, come dicevamo, una pronuncia assai diversa da quella oggi utilizzata.

L'ebraico mishnico

Il cosiddetto ebraico mishnico trae il suo nome dalla principale opera letteraria che ne documenta l'uso, la **Mishnah**, una raccolta di commenti biblici composti a cavallo dell'Era Volgare e fissati nel loro insieme intorno alla fine del II secolo d.C. La Mishnah andò poi a costituire il cuore del **Talmud**, l'immane opera esegetica che raccoglie, intorno al testo mishnico, una serie di commenti scritti in aramaico e composti nei primi secoli dell'Era Volgare.

Come il biblico, l'ebraico mishnico è una lingua principalmente letteraria, sviluppatasi a iniziare dall'epoca maccabaica e dunque grosso modo nel II secolo a.C. e utilizzata nella letteratura ebraica di vario genere; anche i testi non biblici di Qumran sono composti in una forma di ebraico mishnico. Fra le sue caratteristiche, un influsso pesante dell'aramaico e del greco e svariate differenze rispetto al biblico sia nella morfologia sia nella sintassi.

L'ebraico medievale

Con il nome di "ebraico medievale" si allude un po' genericamente al variegato insieme di tradizioni linguistico-letterarie attestate dal X secolo d.C. Si tratta soprattutto di una lingua della diaspora, utilizzata per (alcuni) testi scritti da persone di alta e media cultura che abitualmente parlavano la lingua del paese di residenza. Nei paesi islamici per lungo tempo fu utilizzata per la produzione in prosa anche la lingua araba, spesso scritta in caratteri ebraici.

Contrariamente alla tendenza dell'ebraico mishnico, l'ebraico medievale aspirava a ricreare i modelli linguistici e stilistici dell'ebraico biblico: una simile imitazione si poté realizzare grazie allo studio della struttura dei testi biblici e non a caso proprio nei secoli a cavallo del Mille si era sviluppata in ambiente ebraico, per influsso del mondo arabo, la scienza grammaticale. Un aspetto fondamentale di questa scienza per quanto attiene allo studio del **Tanakh** fu la creazione dei sistemi di punzuazione (si veda oltre) che, fissando vocali e altre caratteristiche grafico-fonetiche delle parole, portò di fatto a una identificazione della morfologia e della sintassi dell'ebraico biblico.

La produzione letteraria in ebraico medievale fu ricca ed è ampiamente conservata; ciò non significa, tuttavia, che si conoscano le varie tradizioni di pronuncia di questi testi, che con ogni probabilità variavano nei diversi paesi della diaspora.

L'ebraico parlato rinasce

La spinta ideologica che portò al ritorno dell'ebraico sulla scena delle lingue parlate affonda le sue radici nell'Europa dei secoli XVIII e XIX: sul piano politico furono di capitale importanza i processi di emancipazione avviati a seguito della Rivoluzione Francese, su quello più squisitamente culturale e intellettuale la nascita del cosiddetto "illuminismo ebraico", la **haskalah** השׂכלה, movimento fondato a Berlino nel XVIII secolo da Moses Mendelssohn. Gli aderenti alla **haskalah** presero a utilizzare per i propri manifesti e per tutti gli scritti l'ebraico, sperando così anche di diffonderli oltre i confini delle aree germanofone. Utilizzato nell'ambito di un movimento che, detto molto genericamente, predicava la modernizzazione della vita degli ebrei, proprio il tradizionale ebraico divenne veicolo di queste nuove idee. Avraham Mapu (1808-1867), Shalom Aleikhem (1859-1916) e Asher Ginzberg, che scelse per sé il nome di Akhad Ha'am, "Uno del popolo" (1856-1927), sono fra gli scrittori più noti di questo movimento cui si deve l'utilizzo dell'ebraico come lingua transculturale. Shalom Ya'akov Abramovitz (1836-1927), noto come Mokher Sfarim, è considerato il padre dell'ebraico moderno letterario e una delle fonti principali cui si attinse al momento della rinascita dell'ebraico parlato.

Chi però compì di fatto il miracolo di far rivivere come mezzo di comunicazione quotidiana una lingua che non si parlava da oltre due millenni, fu un medico originario di Lujki (odierna Bielorussia), Eli'ezer Ben Yehudah. Questi si trasferì a Gerusalemme nel 1881 insieme alla prima moglie, cui impose "solo ebraico", **raq 'ivrit** רק עברית, per le loro conversazioni domestiche: i loro figli furono i primi madrelingua ebraici. Alla morte della moglie nel 1892 Ben Yehudah ne sposò la sorella Hemda che, giovanissima, abbracciò l'ideale del marito e fu parte attiva nel successo dell'impresa.

Ben Yehudah fondò un Comitato per la lingua ebraica, il **Va'ad halashon** ועד הלשון, che fra i compiti principali aveva quello di creare i neologismi necessari all'uso moderno della lingua.

Nel 1922 l'ebraico fu riconosciuto come lingua ufficiale dagli inglesi che all'epoca governavano la Palestina (con il cosiddetto "Mandato britannico"); l'Università ebraica di Gerusalemme fu fondata nel 1925 e fra i principali compiti si diede proprio quello di insegnare l'ebraico.

LINGUA E SCRITTURA EBRAICA: UN PO' DI STORIA

Alla fine della Seconda Guerra Mondiale e poi con il riconoscimento dello Stato d'Israele da parte dell'ONU, il 14 maggio 1948, l'afflusso di migranti aumentò: nel 1949 si creano gli **ulpanim**, scuole di ebraico per i nuovi arrivati.

La scrittura

La scrittura quadrata

La scrittura quadrata ebraica che oggi si usa e che impareremo in questo quaderno origina intorno al V secolo a.C. e si affermò definitivamente nel II secolo a.C.: è propriamente chiamata "scrittura assira" perché di origine aramaica (gli assiri e poi i babilonesi parlavano aramaico). Esisteva una grafia più antica, la prima con cui fu scritto l'ebraico e quindi più correttamente detta "scrittura ebraica", ma anche nota come "paleo-ebraico" (in rapporto alla scrittura quadrata di origine aramaica), che derivava in modo diretto dalla scrittura fenicia: questa è attestata nella cosiddetta iscrizione di Siloe, un'epigrafe dell'VIII secolo trovata a Gerusalemme, in un antico tunnel per la conduttura dell'acqua.

Il testo biblico fu tramandato per lungo tempo in sola scrittura quadrata consonantica, senza indicazione di vocali. Le difficoltà di trasmettere un testo così lungo e composito, scritto peraltro in una lingua che non era più parlata da secoli, portarono già prima dell'inizio dell'Era Volgare ad alcuni accenni di vocalizzazione: si evidenzia infatti nelle poche testimonianze scritte uno specifico utilizzo, come indicatori di vocale, di alcune consonanti che si adattavano allo scopo in virtù delle loro caratteristiche fonetiche. Tali lettere (che pure mantennero, alternativamente, il proprio ruolo di consonanti) furono chiamate più tardi dai grammatici "madri di lettura" (con l'espressione latina *matres lectionis*): questo nome è motivato dal fatto che con la loro presenza aiutavano a individuare quanto meno alcune vocali lunghe nel caso di parole che potevano risultare ambigue: si tratta delle lettere **àlef** א, **he** ה, **waw** ו e **yod** י.

La puntuazione masoretica e la pronuncia

Col passare dei secoli fu sempre più sentita l'esigenza di indicare anche la lettura delle vocali in modo completo, così da evitare lezioni varianti (sia dal punto di vista teologico-contenutistico, sia dal punto di vista più puramente grammaticale) e fissare con estrema precisione un testo che doveva essere l'elemento fondante di un popolo ormai disperso. Diverse scuole di grammatici-esegeti, chiamati "masoreti", dalla parola **masòrah** מסורה, tradizione, iniziarono nel VII secolo a elaborare dei sistemi grafici per l'annotazione dei suoni vocalici.

Con il tempo prevalse, per ragioni storiche e anche per l'estrema precisione e accuratezza che lo caratterizza, il sistema di vocalizzazione (più propriamente "puntuazione") della scuola che aveva sede a Tiberiade. Il più antico manoscritto completo della Bibbia ebraica a oggi individuato, conservato alla Biblioteca Nazionale Russa con la collocazione B19 A (noto come "codice di Leningrado") e datato al 1008/1009, è proprio puntato con il sistema tiberiense. Tale sistema prevede l'utilizzo di puntini, linee e segni composti dagli uni e le altre per indicare sia le vocali, sia gli accenti (tonici e musicali), sia la punteggiatura.

Restando ai soli segni vocalici, ricordate quanto già anticipato parlando della lingua: non vi è alcuna prova che la lettura dei testi sia stata tramandata oralmente inalterata per tanti secoli e per di più da popoli arameofoni e poi arabofoni; anzi, la seconda colonna delle Esaple così come alcuni testi di Qumran documentano una vocalizzazione piuttosto lontana da quella masoretica. Il sistema di vocali fissatosi e arrivato a noi attesta dunque di fatto quella che era la lettura del testo biblico negli ultimi secoli del primo Millennio in Palestina. Ciò specificato, si deve fare una considerazione ulteriore: a nostra volta non sappiamo precisamente come si pronunciassero nel X secolo le vocali annotate dai masoreti e noi le leggiamo secondo una tradizione di epoca più recente, basso medievale. Esistono ancora oggi delle varianti nella pronuncia di alcune vocali dei testi biblici a seconda della tradizione geografico-culturale di appartenenza del lettore.

I molti segni di accentazione e interpunzione che completano il ricco sistema di puntuazione masoretica qui non interessano, perché l'accentazione delle singole parole è da conoscersi a memoria (e, non occupandoci qui della lettura sinagogale, non dobbiamo curarci della cantillenazione) e perché oggi si usa la punteggiatura moderna.

È però necessario che conosciate almeno uno dei segni non propriamente vocalici introdotti per la corretta lettura del testo biblico, ossia il **daghesh** דגש. Il daghesh è un puntino che si usa occasionalmente all'interno di certe consonanti e ne caratterizza il suono. Esistono in realtà due tipi di daghesh, il **daghesh lene** e il **daghesh forte**.

Il daghesh lene si può trovare in sole sei consonanti e ne distingue il suono fra occlusivo (se c'è il daghesh) e fricativo (se il daghesh non c'è): si tratta delle lettere ב, ג, ד, כ, פ, ת. Tre di queste nell'ebraico moderno non si differenziano più nella pronuncia sulla base della presenza o assenza del daghesh e dunque non essendo alternative dal punto di vista fonetico hanno perso l'uso del daghesh: come vedrete oltre, restano solo la ב, che con daghesh si legge **b** e senza daghesh **v**, la כ, che con daghesh si legge **k** e senza daghesh **kh** (gutturale come nello spagnolo *Juan* o nel tedesco *Buch*), e la פ, che con daghesh si legge **p** e senza daghesh **f**. Nei fatti, spesso oggi il daghesh non viene indicato nei testi scritti.

Il daghesh forte, identico graficamente, poteva essere presente in tutte le consonanti tranne le gutturali e ne indicava il raddoppiamento: ad esempio in **tzivvah** צוה (ordinò/comandò) il daghesh raddoppia la **v** (per raddoppiare non si usava scrivere due volte la stessa consonante, come facciamo comunemente in italiano). Oggi il daghesh forte non si usa più e quindi, in sostanza, le doppie non esistono nell'ebraico contemporaneo.

Le scritture corsive

Con il tempo, come ovvio, anche per l'ebraico si svilupparono delle scritture corsive, diverse a seconda del luogo. Le scritture corsive si utilizzavano sia per testi letterari o comunque testi destinati alla diffusione, sia per l'uso personale. Più accurate e dunque più facilmente leggibili quelle di cui ci si serviva per la redazione delle opere letterarie, tanto che si parla più propriamente in questi casi di scritture "semicorsive", meno attente alla calligrafia quelle utilizzate nei documenti privati e di tipo economico-commerciale. Nelle scritture corsive ebraiche, di qualsiasi tipo e destinate a qualsiasi utilizzo, le lettere non sono mai completamente legate.

LINGUA E SCRITTURA EBRAICA: UN PO' DI STORIA

Una scrittura che ebbe grande fortuna, e fu poi ampiamente utilizzata anche nelle opere a stampa, fu quella attribuita a Rashi, importantissimo commentatore francese dell'XI secolo (Rashi è acronimo di Rabbi Shelomoh ben Yitzkhaq): si tratta di una scrittura semicorsiva, che in realtà più probabilmente si deve far risalire al XV secolo.

La ghema<u>t</u>ria

Non possiamo concludere questa sintetica introduzione senza accennare a un'interessante tradizione legata alla scrittura consonantica ebraica, più propriamente al valore numerico che fin dall'antichità venne attribuito a ognuna delle consonanti ebraiche: la cosiddetta **ghema<u>t</u>ria** גמתריא. La parola è un prestito dal greco (da cui anche il nostro "geometria") e si riferisce a una scienza di origine antica, che poi fu, appunto, utilizzata anche in ambito ebraico: la **ghema<u>t</u>ria** considera la somma dei valori numerici delle lettere che compongono le varie parole e associa le diverse parole con identico valore numerico ricavando, da queste associazioni, interpretazioni di vario genere. Incontriamo questo fenomeno, ad esempio, nella nota frase **ni<u>kh</u>nas yàyin, yatza sod**, נכנס יין יצא סוד, "è entrato il vino, è uscito il segreto", come a dire che chi beve troppo rischia di rivelare i propri segreti: **yàyin** יין, vino, e **sod** סוד, segreto, hanno lo stesso valore numerico, essendo **yàyin** יין composto da 10+10+50 e **sod** סוד da 60+6+4. La **ghema<u>t</u>ria** conobbe un vasto impiego soprattutto nell'ambito delle tradizioni mistiche.

L'alfabeto ebraico

Ecco la tabella delle consonanti ebraiche... come abbiamo già detto e come vedrete meglio più avanti, nessuna di queste lettere indica di per sé un suono vocalico. Nella tabella, che dovete leggere da destra a sinistra, troverete la lettera scritta in carattere quadrato, poi la scrittura in corsivo, quindi il nome della lettera, la traslitterazione e il suo valore numerico. Nella traslitterazione indichiamo l'accento tonico soltanto quando questo non cade sull'ultima sillaba, il caso di gran lunga più comune nell'ebraico.

Le consonanti sono 22, ma alcune si differenziano per pronuncia a seconda che abbiano o meno un puntino (all'interno, il daghesh di cui abbiamo già parlato, oppure al di sopra). Inoltre, per cinque lettere esiste una grafia diversa se si trovano a fine di parola.

Valore numerico	Traslitterazione	Nome	Corsivo	Quadrato
1		àlef	IC	א
2	b	be<u>t</u>	ב	בּ
2	<u>v</u>	<u>v</u>et	ב	ב
3	gh	ghìmel	ג	ג
4	d	dàle<u>t</u>	ד	ד
5	h	he	ה	ה
6	v	vav	ו	ו
7	z	zàyin	ז	ז
8	kh	khe<u>t</u>	ח	ח
9	t	te<u>t</u>	ט	ט
10	y	yod	י	י
20	k	kaf	כ	כּ
20	<u>kh</u>	<u>kh</u>af	כ	כ

L'ALFABETO EBRAICO

Valore numerico	Traslitterazione	Nome	Corsivo	Quadrato
20	**kh**	khaf finale	ק	ך
30	**l**	làmed	ſ	ל
40	**m**	mem	N	מ
40	**m**	mem finale	p	ם
50	**n**	nun	J	נ
50	**n**	nun finale	|	ן
60	**s**	sàmekh	O	ס
70	**'**	'àyin	૪	ע
80	**p**	pe	ⱥ	פּ
80	**f**	fe	ə	פ
80	**f**	fe finale	ʃ	ף
90	**tz**	tzàde	Ʒ	צ
90	**tz**	tzàde finale	૪	ץ
100	**q**	qof	ק	ק
200	**r**	resh	ר	ר
300	**sh**	shin	ė	שׁ
300	**s**	sin	ė	שׂ
400	**t**	tav	ת	ת

Le lettere a una a una

Nei secoli, come per i caratteri latini, si sono sviluppate per l'ebraico diverse grafie, quadrate e corsive, che variano a seconda del supporto scrittorio, ma soprattutto, come visto, a seconda delle aree geografiche. Guardando alla produzione manoscritta medievale e successiva, la paleografia ebraica fa una macro distinzione fra scritture ashkenazite, sefardite, italiane e orientali: ciascuna area ha caratteri propri ma, al contempo, ha sviluppato diverse tipologie di scrittura al suo interno, in specie per quanto attiene alle semicorsive e corsive. La grafia a stampa standard oggi è una grafia quadrata: questa differisce, ovviamente, a seconda dei font utilizzati, proprio come per i caratteri latini, ma è comunque sempre facilmente riconoscibile. Il corsivo, essendo per sua natura nato per la scrittura manoscritta, è meno standardizzato. Notate che, così come nel quadrato, anche nel corsivo non si usano mai lettere maiuscole.
Di seguito alcune considerazioni sparse sulla storia delle lettere, la loro forma (nella grafia quadrata "assira", vedi sopra), la loro pronuncia e la loro interpretazione nella tradizione ebraica. In generale, ricordate che si tratta di segni che derivano, più o meno stilizzati e semplificati, da originali ideogrammi, i quali prima assunsero valenza sillabica e poi, in ultimo, consonantica.

א **àlef** אלף

La forma della **àlef**, ormai a stento riconoscibile, è quella di una testa di bue. **Aluf** significava proprio "bue" e, per estensione, "forte", "prode" e "principe".
La pronuncia antica era quella dell'occlusiva glottidale sorda, realizzata con il cosiddetto colpo di glottide: in italiano non abbiamo un grafema corrispondente e, per altro, il suono è sostanzialmente assente nella nostra lingua… lo possiamo percepire talora davanti a parole che iniziano con vocale, ad esempio in e ecco. Oggi la **àlef** è una consonante assolutamente muta e "sostiene" semplicemente la vocale a essa associata, ad esempio: a אַ, e אֶ. Il suo valore numerico è 1 e per questo è collegata a Dio. Questo legame viene confermato dalla **ghematria** in due modi. In primo luogo considerando separatamente i tre segmenti di cui la lettera è composta: vi si riconoscono altre tre lettere e cioè una **vav** (il segmento centrale), corrispondente al numero 6, e due **yod**, di cui una capovolta, corrispondenti ciascuna al 10: il valore complessivo delle tre è 26, esattamente lo stesso che si ottiene sommando le lettere del tetragramma, cioè 10+5+6+5 = יהוה. Inoltre, la somma delle consonanti con cui si scrive il nome stesso della lettera, אלף, riporta all'unicità di Dio: infatti א vale 1, ל vale 30 e ף vale 80 e la loro somma è 111!
I saggi hanno notato che molte parole afferenti al mondo spirituale iniziano per א: **ahavah** אהבה, amore; **emet** אמת, verità; **amen** אמן, io credo; **emunah** אמונה, fede; **elohim** אלהים, dèi, Dio; **adonay** אדוני, Signore.
La א è una *mater lectionis*.

LE LETTERE A UNA A UNA

בֿ / בּ bet/vet בית / בֿית

La lettera si pronuncia **b** o **v** a seconda che abbia o meno il daghesh. Come pittogramma raffigurava una casa stilizzata, non a caso **bet** (o **bayt**) in ebraico significa proprio "casa". La Bibbia inizia con due ב: **bereshit** בראשית, in principio, **bara** ברא, creò (Genesi 1, 1)… la forma della lettera chiusa a destra (prima) e aperta a sinistra (in avanti) indica che prima della creazione non c'è alcunché.

Il valore numerico è 2 e la creazione implica esattamente uno sdoppiamento, l'inizio della dualità: il buio e la luce, il cielo e la terra e, più propriamente, Dio e il mondo.

ג ghìmel גימל

L'ideogramma da cui origina raffigurava un cammello, che in ebraico è appunto **ghamal**. Il cammello si lasciava accanto alla tenda, la casa evocata dalla lettera ב.
La pronuncia è sempre quella della g dura (più propriamente occlusiva velare sorda) di *gatto*, *ghiaia*, *grembo* ecc. Non esiste invece in ebraico la g dolce dell'italiano *gioco*, *gemma* ecc.: questa è la ragione per cui in questo quaderno questa lettera viene trascritta sempre **gh**. In passato, come la ב/בֿ, anche la **ghìmel** poteva prendere o meno il daghesh e distinguersi per pronuncia fra **gh** ג e **g** גֿ (con una qualche forma di aspirazione).
Il valore numerico della ג è 3, superamento dell'opposizione creatasi con lo sdoppiamento ב dell'Uno א: secondo il Maharal di Praga, un maestro vissuto nella seconda metà del XVI secolo, esperto talmudista, qabbalista e filosofo, la ג neutralizza le forze contrastanti sprigionatesi nella dualità e le salda in un'unità più forte e coesa.

ד dàlet דלת

In origine l'ideogramma era triangolare e raffigurava probabilmente una tenda, poi un tratto si sollevò diventando perpendicolare all'altro. Nella tradizione ebraica la forma della ד è intesa anche come quella di una porta aperta, considerato anche che la parola "porta" in ebraico è in effetti omografa del nome della lettera: **dèlet** דלת.
In passato, come la ב/בֿ, anche la **dàlet** poteva prendere o meno il daghesh e distinguersi per pronuncia fra **d** ד e **d̲** ד (come nell'inglese *that*): oggi è rimasta solo la **d** (che si scrive senza daghesh), identica all'italiano.
Una tradizione fa notare che la gambetta della lettera precedente, la ג, si estende verso la ד perché il **ghòmel** גומל, benefattore, deve sempre andare alla ricerca del **dal** דל, povero.
Il valore numerico della ד è 4 ed essa indica dunque l'interezza del mondo fisico inteso come quattro elementi e quattro punti cardinali.

ה he הא

La **he** è una gutturale ed è lievemente aspirata. Oggi spesso non viene pronunciata, esattamente come la **àlef**.

LE LETTERE A UNA A UNA

Il valore numerico della ה è 5. Il Maharal nota che la forma è costituita da una **dàlet** ד esterna e da una **yod** י interna (la decima lettera, si veda oltre): poiché la **dàlet** rappresenta il mondo creato, mentre la **yod** secondo il Talmud (Menakhot 29b) denota il mondo a venire e la spiritualità, la **he** ricorda all'uomo di arricchire la vita mondana con la spiritualità.
La ה è una delle *matres lectionis*.

ו **vav** וו

La **vav** ו, che come abbiamo visto è un'altra *mater lectionis*, è tradizionalmente raffigurata nell'alfabeto quadrato con una lineetta orizzontale in alto: ו. Questa forma è in sintonia con il nome della lettera, che significa "gancio", "amo". E nella lingua, sia biblica sia moderna, questa piccola consonante ha mantenuto un forte nesso con il suo significato "ideografico", poiché dal punto di vista grammaticale, vocalizzata in diversi modi, è una congiunzione. La **vav** congiunzione ha significati molto vari: il più comune è quello di congiunzione copulativa (e), ma può essere usata anche come avversativa (ma) oppure avere una sfumatura finale, concessiva, consecutiva ecc. Nell'ebraico biblico era impiegata nella forma verbale nota come narrativo, diffusissima soprattutto nei libri storici; l'ebraico moderno, anche se utilizza una maggior varietà di congiunzioni rispetto al biblico, vi ricorre ancora molto. Il significato "congiuntivo" della **vav**, attestato dalla sua origine ideografica e dal suo utilizzo grammaticale, è produttivo anche a livello simbolico: la lettera indica infatti, ad esempio, la congiunzione fra cielo e terra.
Il valore numerico della ו è 6. Notate che nella scrittura moderna esclusivamente consonantica, quando la **vav** non è *mater lectionis* (delle vocali **o** oppure **u**) bensì consonante, viene scritta due volte per evitare confusioni: וו.

ז **zàyin** זין

La **zàyin** ז è una s sonora (tecnicamente una fricativa alveolare sonora) e si pronuncia come la s di *asola* e *chiese*. Nell'ebraico moderno è anche utilizzata, seguita da un apostrofo (ז'), per rendere un suono originariamente assente in ebraico e attestato solo nelle parole importate da alcune lingue indoeuropee: la j di *jour* in francese (fricativa postalveolare sonora). Si tratta di un suono assente anche dall'italiano, ma che si può ritrovare ad esempio in *garage*, ovviamente anche questo un prestito!
Il nome della lettera significa "arma" e la forma originaria ricordava una freccia o una lancia. Il valore numerico è 7 e la ז ricorda dunque i sette giorni della creazione e in particolare il settimo, cioè lo **shabbat**.

ח **khet** חת

La **khet** ח è un grafema che rappresenta un suono assente in italiano: nell'ebraico moderno si tratta di una gutturale pronunciata come j nello spagnolo *Juan* (Giovanni) o come ch nel

tedesco *Buch* (libro): la troviamo ad esempio nell'iniziale del nome della festa **Khanukkah** חנוכה oppure nel classico brindisi **Lekhayim!** לחיים!, Alla vita!
Il suo valore numerico è 8, che nella tradizione ebraica è tra le altre cose collegato all'era messianica: nel Talmud babilonese, Trattato 'Arakhin, si dice che mentre l'arpa del santuario aveva sette corde, l'arpa messianica ne avrà otto.
Anche la circoncisione del figlio maschio è prescritta nell'ottavo giorno dalla nascita: un'antica tradizione spiega che, così come gli ospiti devono salutare per prima la padrona di casa e soltanto dopo il padrone, al bimbo si dà l'opportunità di dare prima di tutto il benvenuto allo shabbat, la Regina, e solo dopo di incontrare il Signore (cioè, appunto, essere circonciso; Midrash Tankhuma ed. Buber a Levitico, 22, 27). A questo proposito lo Zohar, forse la più importante opera mistica della tradizione ebraica, risalente nella sua redazione finale al XIII secolo, specifica che soltanto l'esperienza dello shabbat, completamento della Creazione, conferisce al neonato la forza spirituale per sostenere la circoncisione.

ט **tet** טית

Si tratta di una delle due **t** presenti in ebraico: in origine la pronuncia della **tet** ט si distingueva da quella della **tav** ת (l'ultima dell'alfabeto, che troviamo anche nel nome della **tet**: טית), oggi non si sente più distinzione nella lettura delle due.
La ט è l'iniziale della parola **tov** טוב, bene, buono. I saggi fanno notare che nella prima versione dei 10 comandamenti, quella scolpita sulle tavole che Mosè ruppe dopo aver assistito all'idolatria del popolo d'Israele, c'erano tutte le lettere tranne la ט e che invece nelle seconde tavole la ט comparve, al quinto comandamento: "affinché sia bene per te" (riferito al riposo dello shabbat)... Dio sapeva che Mosè avrebbe spezzato le prime tavole e non voleva che con esse andasse in frantumi anche la parola **tov** טוב, bene, perché ciò avrebbe determinato la completa distruzione di ciò che è buono nel mondo (Talmud, trattato Baba Kamma 55a).
Il valore numerico della lettera è 9.

י **yod** יוד

La decima lettera dell'alfabeto ebraico è piccola ma molto significativa. Non solo perché dal punto di vista grammaticale ha il doppio status di consonante e *mater lectionis* e dunque un uso molto ampio, ma anche perché ha un importante valore simbolico: la **yod** י, come abbiamo già visto parlando della **he** ה, rappresenta infatti la spiritualità e il mondo a venire. Lo si ricava ad esempio dal fatto che è l'iniziale del nome di Dio in forma di tetragramma, יהוה, ma anche dal fatto che non la si può dividere in tratti/segmenti diversi, il che allude appunto all'Unità e indivisibilità dell'Uno... non solo: il suo valore nella **ghematria** è 10 e 1+0 equivale, di nuovo, a Uno.
La **yod** ha inoltre una grande importanza per la storia del popolo d'Israele. Nella Genesi leggiamo che **Saray** שרי, moglie di **Avram** אברם, era sterile; quando raggiunse i 90 anni Dio

tolse la piccola י dalla fine del suo nome e comandò al marito di non chiamarla più **Saray** bensì **Sarah** שׂרה, con la **he** ה al fondo: da allora "Io la benedirò e anche da lei ti darò un figlio; la benedirò e diventerà nazioni e re di popoli nasceranno da lei" (Genesi 17, 15-16). Proprio grazie a questo intervento divino inizia la genealogia dei patriarchi... Ma, così facendo, il valore numerico del nome della moglie di **Avram** diminuì di 5 perché la **yod** י, che vale 10, era stata sostituita dalla **he** ה, che vale la metà; il cinque "perduto" si ritrova però nel nuovo nome del marito, che pochi versetti sopra Dio aveva cambiato da **Avram** אברם ad **Avraham** אברהם, proprio con l'aggiunta di una ה in mezzo: il valore numerico complessivo dei nomi della coppia **Sarah**-**Avraham** resta lo stesso, ma con la "spartizione" della **yod**, il principio divino, e dunque generativo, fra i due.

Si suppone che l'ideogramma da cui la י deriva fosse un braccio con una **yad** יד, "mano".

כ / כּ kaf/khaf כּ / כף

La lettera si pronuncia **k** o **kh** (oggi omofona della **khet** ח, ma in origine erano due suoni gutturali lievemente diversi), a seconda che abbia o meno il puntino all'interno, il daghesh. Quando è in posizione finale non prende mai il daghesh e si pronuncia sempre **kh**; si scrive inoltre un po' diversamente: ך. **Kaf** כף nell'ebraico biblico era sinonimo di **yad** יד, mano, anche se più propriamente indicava il palmo (la cavità) della mano e, quindi, il pugno (anche come unità di misura, ad esempio in 1Re 17, 12: **kaf qèmakh** כף קמח "un pugno di farina"). Troviamo la parola **kaf** כף anche nel racconto della lotta notturna di Giacobbe con Dio (Genesi 32, 24-34), dove è tradotta variamente come articolazione (del femore), giuntura (dell'anca) o cavità (dell'anca, qui con un legame più stretto con il significato originario della parola).

Con l'ebraico moderno si resta nel medesimo ambito semantico, oltre che fedeli alla forma della lettera e del pittogramma originario: כף è infatti il cucchiaio (anche inteso come misura: una cucchiaiata).

Il valore numerico della lettera è 20.

ל làmed למד

Il nome della lettera **làmed** למד scritto senza vocali è omografo della radice verbale ל.מ.ד., da cui **lilmod** ללמוד studiare e **lelamed** ללמד insegnare. Anche **Talmud** תלמוד viene dalla stessa radice e significa studio.

Nella tradizione mistica si fa notare come la **Torah**, ossia il Pentateuco, si apra con la lettera **bet** ב e si chiuda con la **làmed** ל, che insieme formano la parola **lev** לב, cuore, a significare che la **Torah** è il cuore, si deve portare nel cuore e studiare con tutto il cuore. Nell'Alfabeto di Rabbi Akiva (o *Lettere di Rabbi Akiva*, prima edizione a stampa Costantinopoli, senza data ma probabilmente 1516 o 1525), si attribuisce al noto maestro del II secolo d.C. una riflessione a proposito del nome della **làmed** למד e del suo collegamento semantico con lo studio: למד si può intendere come acrostico dell'espressione **lev mevin da'at** לב מבין דעת "cuore

che comprende la conoscenza": la lettera ci ricorda dunque che lo studio ha lo scopo di aprire il cuore alla conoscenza... L'importanza della "conoscenza del cuore" indicata dalla **làmed** è tale che la lettera svetta al di sopra delle altre ed è l'unica a cui sia concesso di innalzarsi al di sopra del rigo.
Il valore numerico di questa lettera è 30.

מ **mem** מם

L'antico pittogramma che raffigurava la **mem** era simile a delle onde e si presume indicasse l'acqua, **màyim** מים. Come la **kaf**, anche la **mem** מ aveva e ha una forma diversa a fine di parola: ם. Le vediamo entrambe, ad esempio, oltre che in **màyim** מים, nel nome **Miryam** מרים. La doppia grafia si è prestata all'interpretazione simbolica, cosicché si dice che la **mem** con le sue forme aperta (a inizio e in centro di parola) e chiusa (a fine di parola) rappresenta il rivelato e il nascosto, due aspetti di Dio. Questi aspetti sono evocati anche dalle due **mem** nell'epiteto usato per indicare l'onnipresenza del Creatore: **Maqom** מקום, letteralmente "luogo". In מים, acqua, elemento fondamentale per un popolo che viveva prevalentemente in luoghi desertici e non a caso citato 580 volte nella Bibbia, fra le due **mem** è aggiunta una י **yod**: questa, come visto sopra, rappresenta Dio e la sua presenza nella parola indica dunque che nell'acqua sta la vita delle creature. Troviamo l'acqua anche nella parola **shammàyim** שמים, cielo: questa appare composta da **sham** שם, là/laggiù, e מים, come a dire che in cielo c'è l'acqua... se guardiamo al racconto della Genesi questo non ci stupisce: vi si dice infatti che Dio separò fra le acque di sopra e le acque di sotto (Genesi 1, 6-7).
Il valore numerico della מ è 40... e, per tornare all'acqua, il diluvio durò 40 giorni e 40 notti!

נ **nun** נון

La **nun**, come la **mem** e la **khaf**, ha una forma diversa quando si trova in posizione finale: ן. La lettera dà inizio alla parola **neeman** נאמן che indica colui che obbedisce, che ha fede. Rashi in proposito diceva che l'ortografia della lettera נון, formata dall'iniziale di **neeman** נאמן e da due lettere dritte, la **vav** e la **nun finale**, suggerisce che chi ha fede in Dio rimarrà in piedi nel Giorno del Giudizio.
Il valore numerico della נ è 50 e indica totalità: 50 è infatti anche il valore della parola **kol** כל, tutto, formata da **kaf** 20 e **làmed** 30; 50 anni rappresentano inoltre l'intervallo fra due anni giubilari.

ס **sàmekh** סמך

La ס è una **s** sorda, come in *sole* o *asso*. Il nome della lettera deriva dalla stessa radice del verbo sostenere ס.מ.כ. ed è per questo associata all'azione di Dio, che, come si legge in Salmi 145, 14, "sostiene tutti quelli che cadono". La sua forma circolare rappresenta l'eternità della gloria di Dio e dell'ordine (**sèder** סדר) divino della creazione. Se poi la si guarda

insieme alla lettera immediatamente precedente, la **nun**, si vede che le due formano la parola **nes** נס, miracolo: Dio sostiene, **somekh** סומך, colui che ha fede, **neeman** נאמן, e così questi può vedere il miracolo nella propria vita.
La **sàmekh** dà inizio anche alla parola **sod** סוד, segreto, il che ha dato origine a numerosissime speculazioni in ambito mistico ed esoterico.
Il suo valore nella **ghematria** è 60.

ע 'àyin עין

La **'àyin** עין nell'ebraico israeliano è diventata una lettera muta: solo alcuni ebreofoni di provenienza orientale, grazie ai contatti con la lingua araba che mantiene diversi suoni gutturali e faringali, la pronunciano come una faringale o con un colpo di glottide. Il pittogramma originario, difficile da riconoscere nella lettera quadrata che oggi conosciamo, rappresentava l'occhio. **'àyin** עין significa infatti proprio "occhio" e anche "fonte". Così come la fonte porta l'acqua in superficie dalle viscere della terra, l'occhio, con un percorso speculare, porta la visione del mondo in profondità fino alla mente, che la percepisce. In relazione alla forma della lettera nella scrittura quadrata, spesso si dice che la **'àyin** ע ha due occhi in cima ai due tratti, un occhio buono e un occhio malvagio, che rappresentano le tendenze presenti nell'animo umano: in particolare, il Talmud afferma che l'occhio buono è quello di destra, che guarda verso la lettera **sàmekh**, visto come simbolo di Dio sostegno dell'uomo, mentre l'occhio malvagio guarda a sinistra, verso la lettera **pe** פ, che in questo caso simboleggia la bocca (**peh** פה appunto), uno dei "canali" attraverso i quali l'uomo può fare e farsi del male.
Il valore di ע è 70, un numero che ricorre spesso nell'Antico Testamento e nella tradizione ebraica successiva.

פ / ף pe/fe פא / פא

Come **bet/vet** e **kaf/khaf** la **pe** ha due pronunce: **p** con il daghesh all'interno, **f** senza. In fine di parola si pronuncia sempre **f** e ha, inoltre, una forma diversa da quella iniziale e mediana: ף. Dal punto di vista grafico, il pittogramma פ rappresentava una bocca, **peh** פה. La bocca nei testi biblici indica anche la comunicazione orale, per lungo tempo l'unico e poi principale veicolo di insegnamento e trasmissione della tradizione. Rashi ricordava che ciò che distingue l'uomo dagli altri animali è proprio la capacità di fare un discorso.
Secondo la Qabbalah la פ è formata da una **kaf** כ con una **yod** י appesa: poiché la **kaf** rappresenta il **keli** כלי, contenitore, mentre la **yod** rappresenta la spiritualità, la **pe** ricorda all'uomo che è composto di un corpo e di uno spirito all'interno di esso.
Il valore numerico di פ è 80 e per questo la lettera, grazie alla **ghematria**, è stata oggetto di interpretazioni che la associavano allo **Yesod** יסוד, Fondamento (10+60+6+4 = 80), una delle dieci **sefirot**, "emanazioni" o "modalità" di Dio secondo la Qabbalah.

LE LETTERE A UNA A UNA

צ tzàde צדי

La צ **tzàde** o **tzàdi** si pronuncia come la z sorda italiana in *alzo* e *tazza*. Ha una forma finale diversa, allungata sotto il rigo: ץ.
Per ragioni di assonanza, alla lettera è spesso attribuito anche il nome di **tzàdiq** צדיק omografo di **tzaddiq** צדיק l'uomo giusto, integro. **Tzèdeq** צדק, giustizia, e **tzedaqah** צדקה, elemosina/beneficenza, vengono dalla stessa radice. Dio è il giusto per eccellenza (Deuteronomio 32, 4) e la sua giustizia è il fondamento della Creazione. Ciò considerato, Yitzkhaq Luria, famoso qabbalista vissuto in Palestina nel XVI secolo, ricordava che l'atto creativo di Dio, da lui chiamato **tzimtzum** צמצום, restringimento/contrazione (per "fare posto" al mondo), iniziava con la צ per ricordare che era un atto volontario di umiltà e giustizia di Dio, volto a creare e accogliere le creature.
Il valore numerico della צ è 90.

ק qof קוף

La **qof** nell'ebraico moderno è perfettamente omofona della **kaf**, tuttavia è probabile che in origine fosse articolata a livello dell'ugola.
È l'iniziale della parola **qedushah** קדושה, santità, e per questo ne è il simbolo secondo il Talmud (trattato Shabbat 104a). Anche la **ghematria** conferma questa associazione al divino: il valore numerico del nome della lettera **qof** קוף è infatti 186 (100+6+80), la stessa cifra che si ricava sommando le lettere che compongono uno dei nomi di Dio, cioè **Maqom** מקום, il luogo (40+100+6+40). Non solo: se si guarda alla forma della ק essa sembra composta da una **kaf** כ e una **vav** ו: il valore numerico delle due lettere è 26 (20+6), identico a quello delle lettere che compongono יהוה, il tetragramma (10+5+6+5).

ר resh ריש

Si ritiene che l'attuale forma della ר derivi da un ideogramma che rappresentava una testa, in ebraico non a caso **rosh** ראש.
Senza la **yod** י in mezzo il nome della lettera diventa la parola **rash** רש, povero, bisognoso, indigente: tale è l'uomo se è privo del principio divino, dell'aspetto spirituale, indicato appunto dalla **yod**.
Il valore numerico della ר è 200.

שׁ / שׂ shin/sin שין / שׂין

La consonante è di fatto la stessa, ma si pronuncia diversamente a seconda che abbia il puntino in alto a destra o a sinistra: con il punto a destra ha il suono sc di *scegliere*, *ascia* (traslitterato **sh**), con il punto a sinistra è una s sorda come in *sala* o *abside* (traslitterazione **s̲**) ed è quindi oggi omofona della **sàmekh**. Una differenza tutt'altro che irrilevante come leggiamo in Giudici 12. Qui si racconta che i Gaaladiti, dopo aver sconfitto gli Efraimiti, li intercettarono presso i guadi: quando chiedevano loro "Sei di Efraim?" e loro negavano per avere salva la vita, i Gaaladiti li obbligavano a pronunciare la parola **shibbolet** שִׁבֹּלֶת: gli Efraimiti avevano difficoltà a pronunciare la **shin** e dicevano **sibbolet** שִׂבֹּלֶת con la **s̲in**, venendo così scoperti e uccisi dai nemici. Oggi nei testi scritti il punto diacritico che distingue le due pronunce non viene quasi mai annotato.

Notate che con la **shin** inizia uno dei nomi di Dio, **Shadday** שׁדי, in genere tradotto come "Onnipotente". Il nome שׁדי si trova spesso appeso alle catenine, come portafortuna, ed è sempre scritto sulla **mezuzah**, un astuccio che si attacca sugli stipiti delle porte e che contiene una pergamena con alcuni brani biblici: nella mezuzah **Shadday** può anche essere inteso come un acrostico della frase **shomer delat̲ot Yis̲rael** שׁומר דלתות ישׂראל, guardiano delle porte d'Israele.

Il valore numerico è 300.

ת t̲av תו

La **t̲av** è l'ultima lettera dell'alfabeto ebraico. Oggi è omofona della **tet** ט, ma in passato era probabilmente articolata diversamente. Non solo: nell'ebraico biblico era una delle sei lettere che si distinguevano nella pronuncia sulla base della presenza o meno del daghesh lene al loro interno... aveva quindi una pronuncia dentale sorda occlusiva (quella attestata ancora oggi) e una dentale sorda fricativa (suono assente in italiano: come in *this* inglese). Nell'ebraico moderno questa distinzione non esiste più, ma nella tradizione ashkenazita (della Germania e dell'Europa dell'Est) la **t̲av** senza daghesh era pronunciata **s** (ad es. **Shabbas** per **Shabbat**).

Nel T̲almud leggiamo che la ת simboleggia la "verità", **emet̲** אמת, mentre la lettera precedente, la **shin**, simboleggia la "menzogna" **shèqer** שׁקר. Al proposito ci si chiede: perché le tre lettere di **shèqer** sono vicine (nella sequenza alfabetica **shin**, **qof**, **resh**), mentre quelle di **emet̲** sono distanti tra loro (trovandosi una all'inizio, una a metà e una alla fine dell'alfabeto)? Perché la falsità è continua, la verità rara (si incontra a intervalli di tempo molto lunghi): T̲almud, Trattato Shabbat̲ 104a.

Il valore numerico della ת è 400.

LE LETTERE A UNA A UNA

L'Alfabeto di Rabbi Akiva

Midrash Otiyot de Rabbi Akiva o *Alfabeto di Rabbi Akiva* è il nome che viene attribuito a due testi dedicati alle lettere dell'alfabeto ebraico, diversi nella struttura e composti da autori diversi, ma tradizionalmente tramandati insieme (e insieme stampati ad Amsterdam nel 1708). L'attribuzione al famoso maestro vissuto a cavallo fra I e II secolo dell'Era Volgare, Rabbi Akiva ben Yosef, è pseudoepigrafa.

La prima delle due opere, di cui di seguito riportiamo una versione abbreviata, sembra essere la più antica (comunque successiva al III secolo) ed è strutturata sulla base del Talmud, Trattato Shabbat 104a (che abbiamo già citato parlando della lettera tav), una pagina dedicata all'insegnamento dell'alfabeto ai bambini. Vi si racconta che tutte le lettere dell'alfabeto desideravano avere il privilegio di avviare la creazione del mondo e quindi, iniziando dall'ultima, si presentarono a Dio vantando le loro virtù.

Entrò per prima la **tav** chiedendo a Dio di sceglierla: "Io sono la prima lettera della parola **Torah**!"; Dio però rifiutò perché la **tav** era destinata a essere coinvolta nella distruzione di Gerusalemme: l'avrebbe infatti posta sulla fronte delle persone che avrebbe risparmiato sterminando gli abitanti della città (Ezechiele 9, 4). La lettera se ne andò sconsolata ed entrò la **shin**, che ricordò a Dio di essere l'iniziale di uno dei suoi nomi, ossia **Shadday**, Onnipotente; ma Dio ribattè che **shin** era anche l'iniziale di **shèqer**, menzogna. Così venne avanti la **resh**, vantandosi: "Io sono la prima lettera del tuo nome, **Rakhaman**, Misericordioso"; Dio però rifiutò anche lei perché **resh** è iniziale di **rasha'**, malvagio. Allo stesso modo, non volle usare per la creazione la **qof**, benché questa avesse affermato che il popolo era destinato a pregare Dio proprio iniziando con lei e anzi ripetendola tre volte **Qadosh Qadosh Qadosh** (Santo Santo Santo): la lettera infatti era anche iniziale della **qellalah**, la maledizione, che si sarebbe abbattuta sulla generazione del diluvio. La **tzàde** perorò la sua causa come iniziale di **Tzaddiq**, giusto, ma Dio le rispose che nemmeno con lei avrebbe creato il mondo, poiché "molto male, **tzarah**, si abbatterà con te su Israele."

Fu il turno della **pe** che ricordò a Dio che lei era l'iniziale del suo nome come Redentore, Liberatore, ossia **Podeh**. "Ma, disse Dio, sei anche l'iniziale di (**Baal**) **Peor**, l'idolo che i figli d'Israele venereranno insieme ai Moabiti". Uscita la **pe**, fece il suo tentativo la **'àyin**: "Scegli me perché è scritto che gli occhi (**'àyin** come abbiamo visto è l'occhio) del Signore scrutano la terra" (Zaccaria 4, 10). Dio rifiutò perché con gli occhi le persone scrutano la notte per commettervi dei crimini (Giobbe *passim*). La **sàmekh** disse: "Sceglimi! Sono l'iniziale di **Somekh**, Colui che sostiene coloro che cadono!" "Ma non li hai potuti sostenere quando ho ridotto Gerusalemme in un cumulo di rovine!" La **sàmekh** se ne andò ed entrò dunque al cospetto di Dio la **nun** che affermò: "Io sono la candela, **ner**, del Signore, l'anima dell'uomo" (Proverbi 20, 27); ma Dio le rispose: "Io spegnerò la luce dei malvagi negli ultimi giorni." Anche la **mem** fu rifiutata: è, sì, l'iniziale di **mèlekh**, re, ma Dio le ricordò che sarebbe giunto per Gerusalemme un giorno di panico/tumulto **mehumah** (Isaia 22, 5).

Uscita la **mem**, fu il turno della **làmed**: entrò al cospetto del Signore e gli ricordò le **lukhot habberit**, le Tavole del patto (con i dieci comandamenti), ma Dio a sua volta ricordò alla **làmed** che lui le avrebbe spezzate. La **làmed** se ne andò afflitta e al suo posto entrò la **kaf**... "Crea attraverso di me, la tua **kèter**, corona, di gloria. "No, perché io batterò una mano (**kaf**) contro l'altra per l'ira" (Ezechiele 21, 22). Nemmeno la **yod** fu scelta, benché fosse l'iniziale del tetragramma! Dio infatti le disse: "Attraverso di te creerò anche l'inclinazione dell'uomo a commettere iniquità", ossia lo **yètzer ra'**. E persino la **tet**, iniziale della parola bene, **tov**, fu rifiutata: per sua sfortuna essa è anche iniziale della parola **tame**, impuro. Così la **khet**, che si era vantata di dare inizio alla parola **khamlah**, compassione, clemenza, non fu scelta perché non si poteva certo avviare la creazione del mondo con una lettera che dà inizio anche alla parola **khate**, peccato. La **zàyin** fu respinta perché indica l'idolatria, la (**'avodah**) **zarah**.

Alla **vav** Dio rispose che doveva accontentarsi di essere all'interno del suo nome, il tetragramma **yhvh**. Andata via la **vav**, la **he** entrò fiera: "Crea il mondo attraverso di me, perché grazie a me conosceranno **hod (ve) hadar** splendore e maestà!" (Salmi 104, 4). "No, rispose Dio, perché attraverso di te verrà il giorno del giudizio **hayom hadin**". La **he** se ne andò dispiaciuta ed entrò la **dàlet**.

La **dàlet** ricordò a Dio che per generazioni, **dorot**, in Israele l'avrebbero adorato, ma Dio rifiutò di usarla perché dava inizio alla parola sentenza, **din**, che lui avrebbe applicato severamente su Israele. Uscita la **dàlet** si presentò la **ghìmel**, fiera di poter ricordare a Dio di essere l'iniziale della sua grandezza, **ghedulato**; ma Dio non si fece lusingare e le rispose: "No, perché attraverso di te punirò, come sta scritto: 'Darà il contraccambio, **ghemul**, ai suoi nemici'" (Isaia 59, 18).

Si presentò dunque al cospetto di Dio la **bet**, iniziale di benedizione, **berakhah**: finalmente! Il Signore non ebbe alcunché da obiettare e scelse proprio lei per creare un'opera che voleva fosse benedetta... Leggiamo infatti in Genesi 1, 1: **Bereshit bara Elohim**... In principio Dio creò...

E la **àlef**? Rimase in disparte, un po' silenziosa... Dio allora gliene chiese la ragione e questa rispose: "Perché io valgo solo uno, mentre le altre lettere valgono tutte di più". Ma il Creatore la rassicurò: "Tu sei la più importante: tu sei uno, Io sono uno, la **Torah** è una. E tu darai inizio alla mia Legge..." I dieci comandamenti infatti iniziano proprio con la **àlef**: **Anokhi**, Io (sono il tuo Dio).

Questa versione delle Otiyot è sintetica e tratta in parte da "The letters of Rabbi Akiba, or The Jewish primer as it was used in the public schools two thousand years ago", Washington, Government Printing Office, 1897 e in parte da https://www.lovingkindness.co/2018/01/18/letters-rabbi-akiva-otiot-derabbi-akiva-midrashic-story-video/

Scrivere le consonanti

Le consonanti ebraiche, lo abbiamo visto nell'introduzione, sono 22.

Quando cercate una parola sul dizionario dovrete sempre cercarla sulla base della sua struttura consonantica, le vocali non contano; a questo proposito notate che sul dizionario troverete 23 sezioni, viste che le parole che iniziano per **shin** שׁ (punto in alto a destra) sono distinte da quelle che iniziano con **sin** שׂ (punto in alto a sinistra).

Esistono inoltre tre lettere che si differenziano nella pronuncia a seconda che abbiano o meno il daghesh (il puntino all'interno).

Cogliamo l'occasione anche per fare una considerazione importante sulla pronuncia delle parole. Nella grafia ebraica l'accento delle parole non è mai annotato: dobbiamo conoscere a memoria la lettura dei singoli lemmi. Sappiate però che la gran parte delle parole è ossitona, ha, cioè, l'accento sull'ultima sillaba. In questo quaderno, per aiutarvi a pronunciare correttamente le parole, indicheremo in traslitterazione tutti gli accenti che non sono sull'ultima sillaba… Detto altrimenti, tutte le parole sulle quali non trovate l'accento segnato graficamente sono accentate sull'ultima sillaba.

SCRIVERE LE CONSONANTI

àlef IC א

Lettera quadrata

• La lettera è composta da tre tratti. Iniziate a tracciare il tratto diagonale, dall'alto verso il basso, e poi procedete con i due tratti più piccoli, come consigliato. Attenzione: i due tratti minori si appoggiano su quello obliquo a diverse altezze.

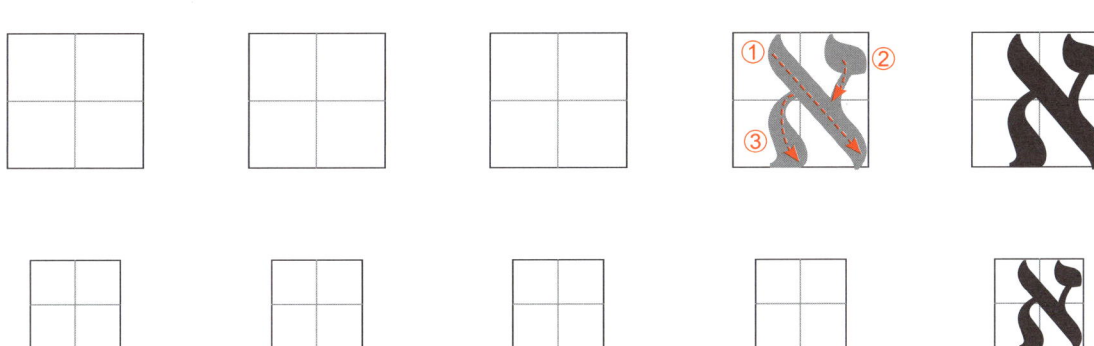

Lettera corsiva

• La lettera è composta da due tratti: iniziate a tracciare il semicerchio, dall'alto verso il basso, poi tracciate il tratto verticale. I due tratti possono essere molto vicini ma staccati, come qui, oppure toccarsi.

25

SCRIVERE LE CONSONANTI

 bet

Lettera quadrata

• La lettera si disegna in due tempi: prima il tratto curvo, che si inizia a tracciare da sinistra in alto, e poi quello di base. Notate che il tratto di base si estende a destra oltre il punto di contatto con il tratto curvo. Non dimenticate il daghesh all'interno, che distingue la **bet**, con pronuncia **b**, dalla **vet**, con pronuncia **v**.

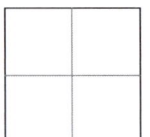 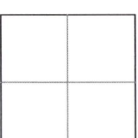 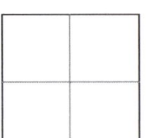 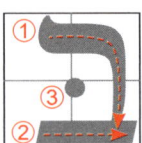 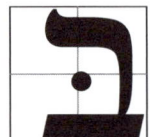

 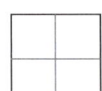   

Lettera corsiva

• Si traccia senza mai staccare la penna; è aperta a sinistra, come la lettera quadrata. Non dimenticate anche in questo caso il daghesh.

 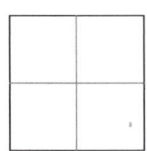  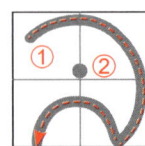 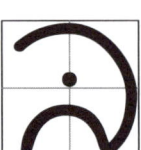

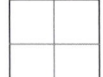   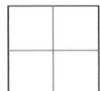

SCRIVERE LE CONSONANTI

 vet

Lettera quadrata

• Di fatto si tratta, come abbiamo visto, della **bet**, ma, essendo priva di daghesh all'interno, ha pronuncia fricativa: la leggiamo **v**.

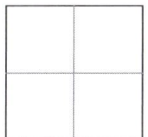 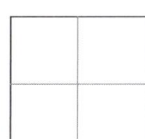 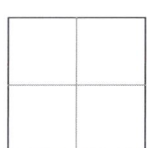 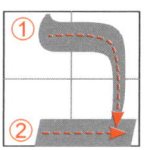 

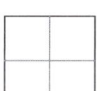 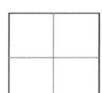 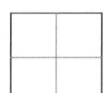 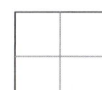 

Lettera corsiva

• Di fatto si tratta, come abbiamo visto, della **bet**, ma, essendo priva di daghesh all'interno, ha pronuncia fricativa: la leggiamo **v**.

 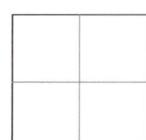 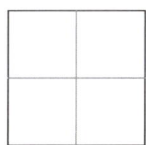 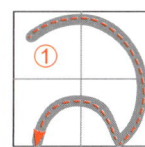 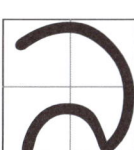

   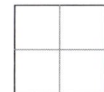

SCRIVERE LE CONSONANTI

ghìmel ڃ ג

Lettera quadrata

- La lettera, composta da due tratti, è piuttosto stretta. Si traccia prima il tratto maggiore, dall'alto verso il basso, poi la gambetta, che inizia poco sotto la metà del segmento verticale.

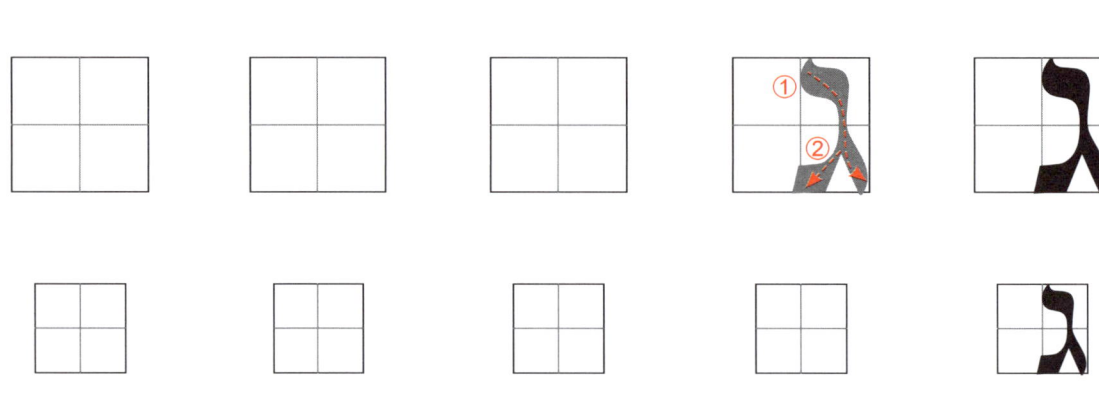

Lettera corsiva

- La lettera, che si disegna senza mai staccare la penna, è composta da un trattino superiore, che può essere perfettamete verticale, come qui, oppure leggermente inclinato (con la sommità a sinistra) e da una pancia.

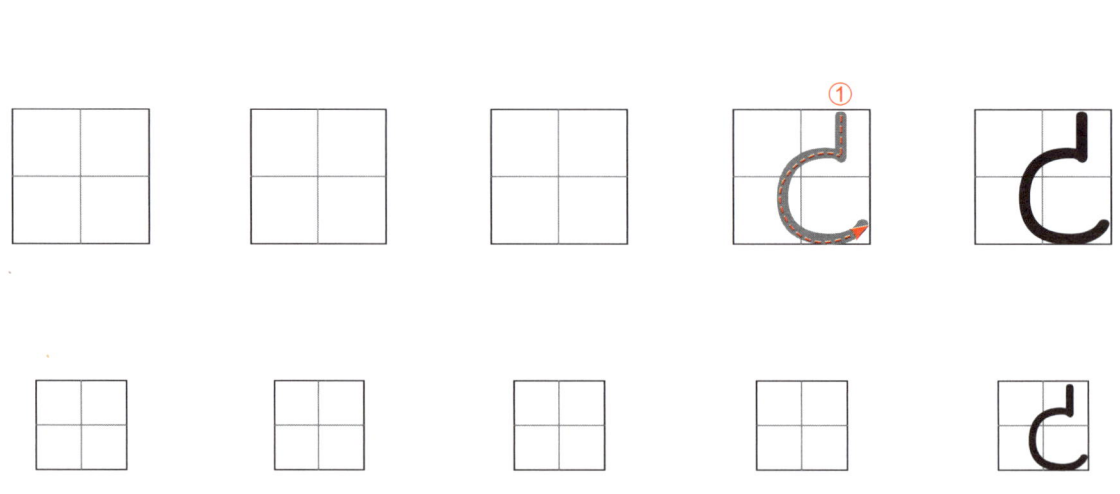

28

SCRIVERE LE CONSONANTI

dàlet

Lettera quadrata

- La lettera è composta da due tratti: un primo in alto, orizzontale, che si traccia da sinistra a destra e un secondo verticale, che si traccia dall'alto verso il basso. Attenzione: il tratto orizzontale si estende un po' a destra oltre l'attacco di quello verticale.

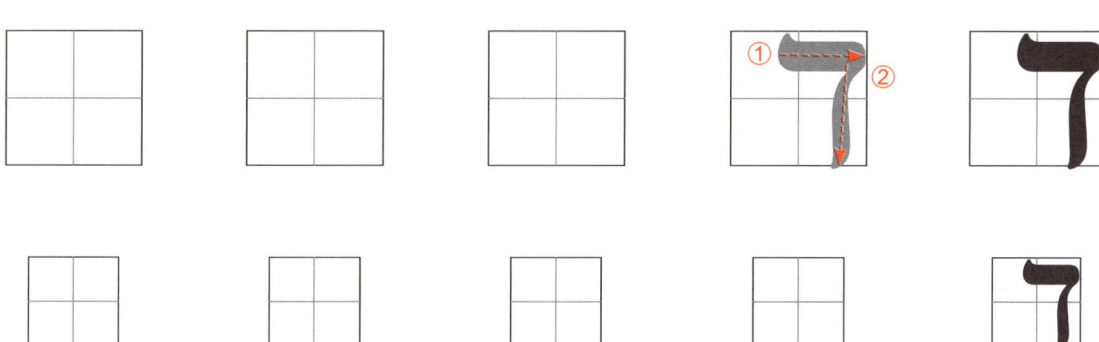

Lettera corsiva

- La lettera assomiglia un po' al numero 3 e si traccia senza mai staccare la penna. Notate però che, a differenza del 3, presenta un'asola chiaramente aperta a metà del tratto e non è "chiusa" nella parte conclusiva del tratto, in basso.

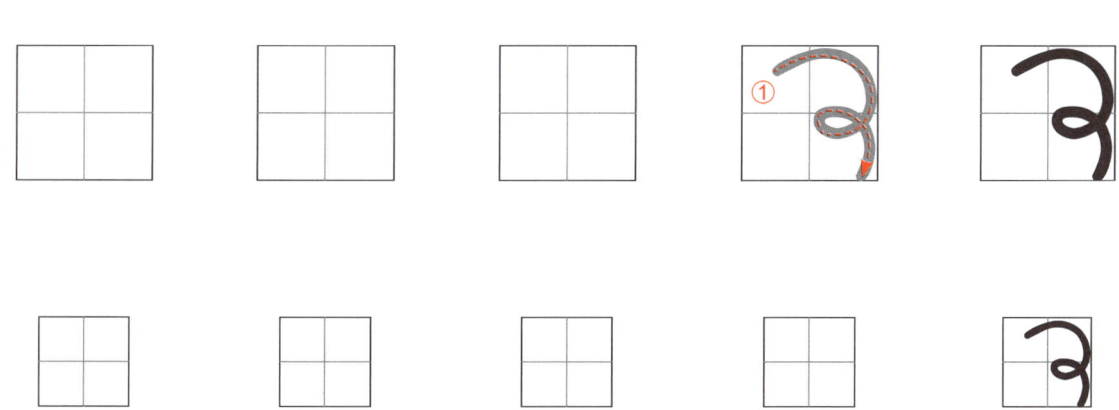

SCRIVERE LE CONSONANTI

he ה ב

Lettera quadrata

• La lettera è composta da un primo tratto che parte in alto a sinistra e, fatto un angolo retto, scende verticalmente fino alla base, e da un secondo trattino verticale "interno".

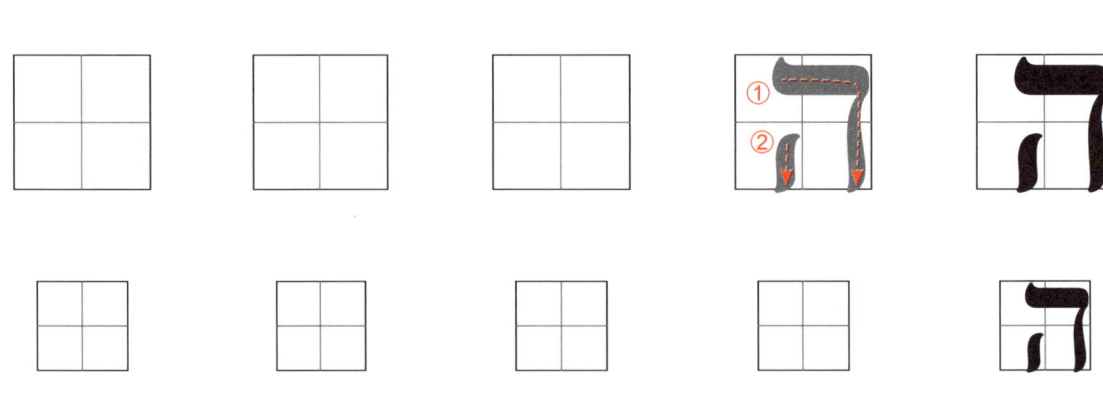

Lettera corsiva

• La lettera è simile a quella quadrata, ma con i due tratti arrotondati: il primo più grande ed esterno e il secondo, identico per forma, più piccolo e interno.

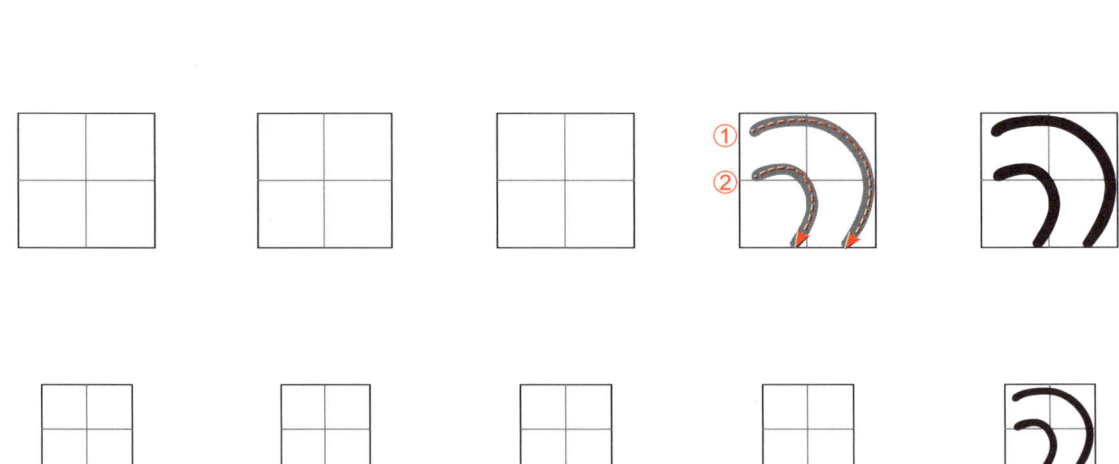

SCRIVERE LE CONSONANTI

vav | ו

Lettera quadrata

• Molto stretta, si traccia senza mai staccare la penna iniziando dal breve segmento in alto e arrivando poi in verticale sino al rigo. Oggi in molti font quadrati si presenta identica alla forma corsiva. A meno che non sia *mater lectionis* (cioè non sia usata con valore di vocale **u** - וּ oppure **o** - וֹ) si pronuncia **v** e dunque ha un suono identico alla **vet**.

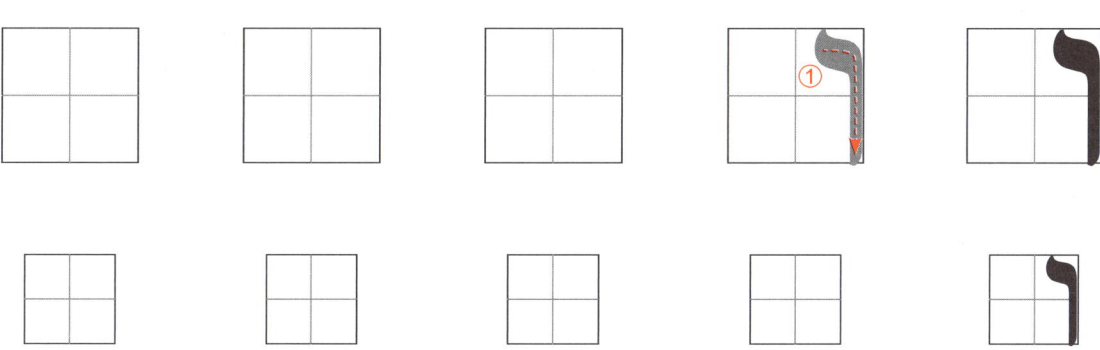

Lettera corsiva

• La **vav** corsiva è una semplice lineetta verticale che si traccia dall'alto arrivando fino alla base del rigo.

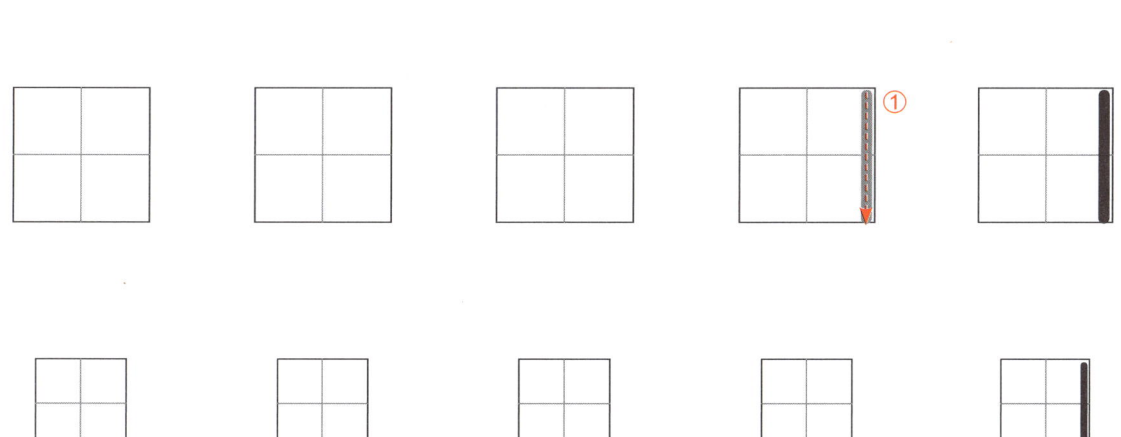

SCRIVERE LE CONSONANTI

zàyin ל ז

Lettera quadrata

• La **zàyin** quadrata assomiglia un po' a una T stampatella maiuscola, ma con il tratto orizzontale in alto proporzionalmente molto corto. Il trattino orizzontale può essere perfettamente perpendicolare a quello verticale oppure un po' inclinato verso destra.

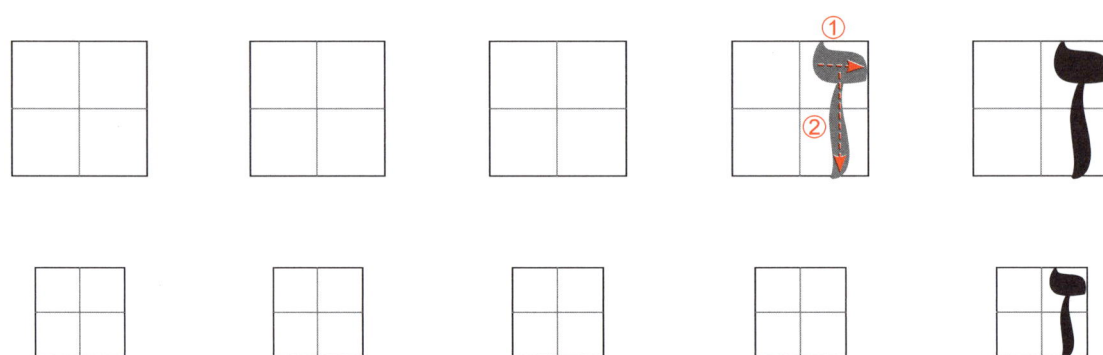

Lettera corsiva

• La lettera è identica alla **ghìmel** corsiva, ma ribaltata. Come per la **ghìmel** corsiva, la prima parte del tratto, in alto, anziché dritta può essere leggermente obliqua, in questo caso con la sommità a destra.

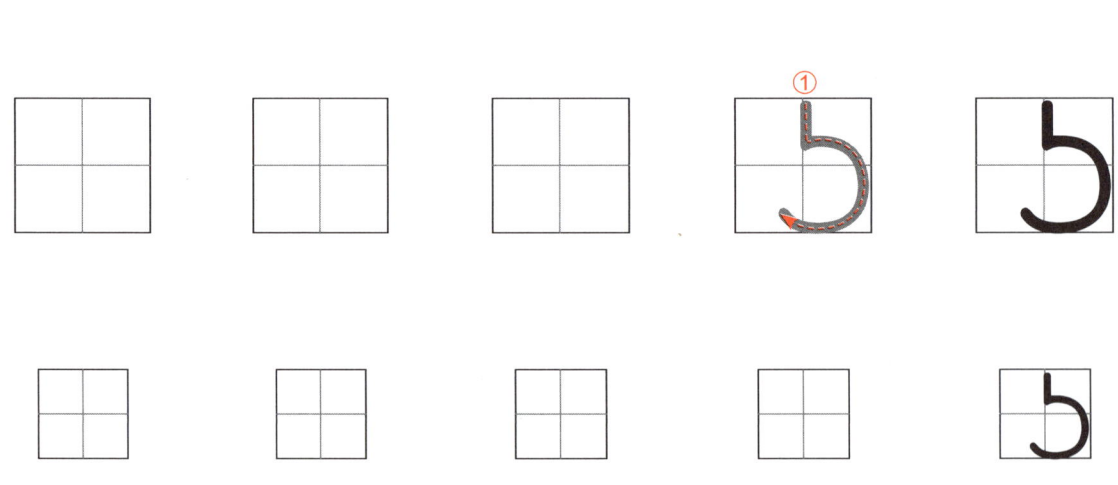

SCRIVERE LE CONSONANTI

khet ח ת

Lettera quadrata

• La lettera si traccia in due tempi: potete iniziare come indicato qui sotto, oppure tracciare prima il segmento verticale.

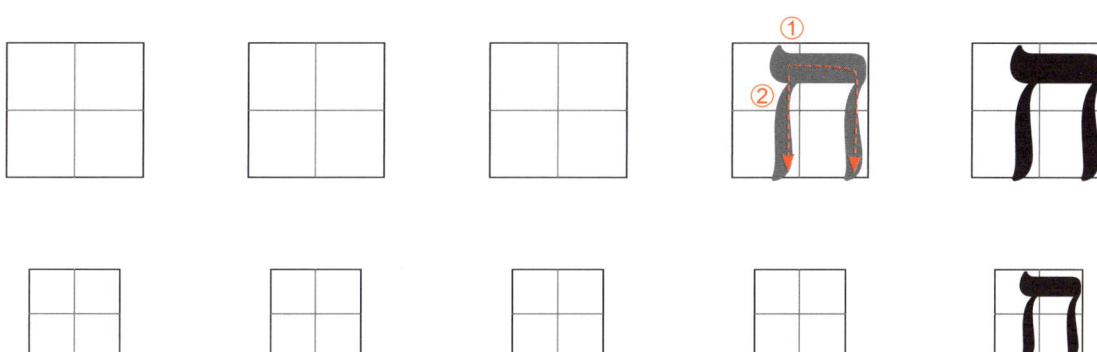

Lettera corsiva

• La lettera può essere tracciata in due tempi, disegnando prima il tratto curvo e poi quello a sinistra, verticale, oppure in un solo tempo; in questo secondo caso si inizia dalla sommità del tratto verticale e, una volta arrivati al fondo, in basso, si risale senza staccare la penna lungo lo stesso tratto e si completa tracciando il tratto curvo da sinistra a destra.

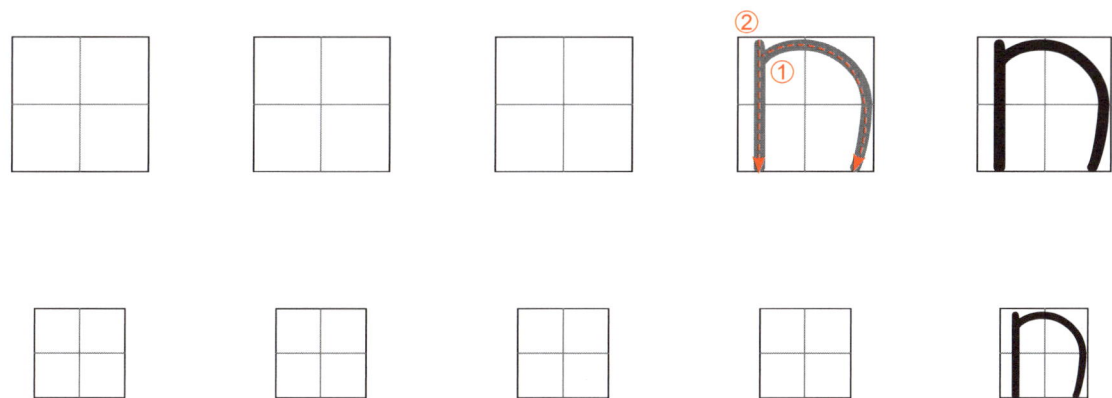

SCRIVERE LE CONSONANTI

tet

Lettera quadrata

• La lettera si traccia senza staccare la penna, anche se si tratta di una quadrata. Si può iniziare da sinistra in alto, come indicato qui, oppure dal centro, procedendo al contrario.

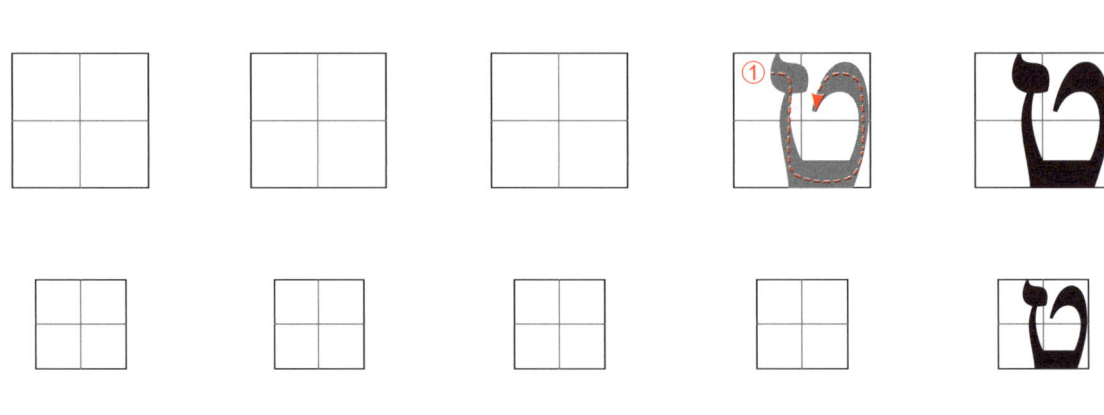

Lettera corsiva

• La **tet** corsiva supera in altezza la gran parte delle altre lettere. Si inizia a tracciare poco sopra il rigo inferiore, si scende fino a toccarlo e poi si risale fino a superare il rigo superiore, indicato qui dal margine superiore del quadrato.

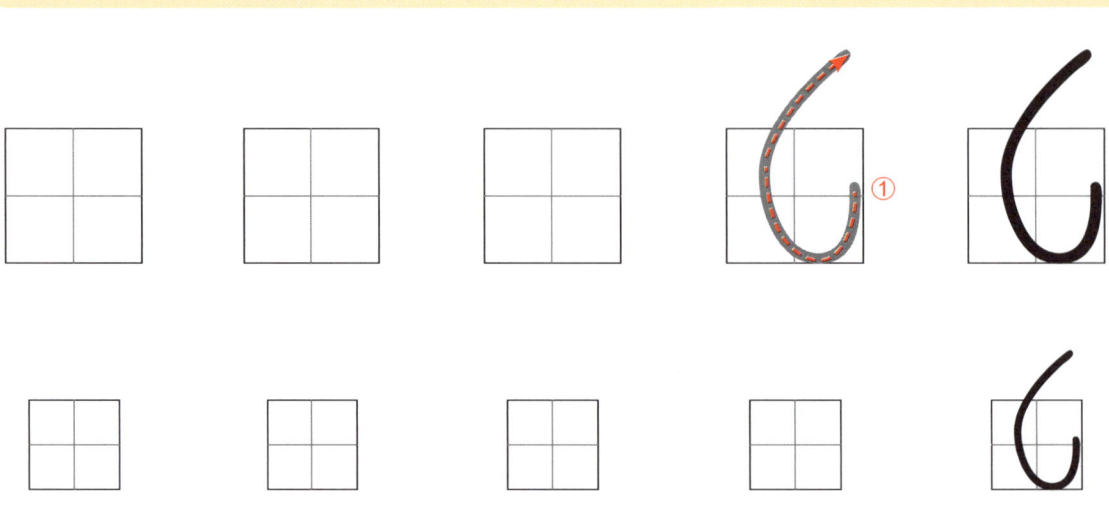

SCRIVERE LE CONSONANTI

yod ׀ י

Lettera quadrata

• Ecco la più piccola delle consonanti ebraiche… Si traccia in un solo tempo, iniziando in alto a sinistra, dunque con il piccolo tratto orizzontale, e poi scendendo -ma pochissimo!- verso il basso. Oggi, in molti font quadrati la troviamo identica alla forma corsiva (vedi sotto).

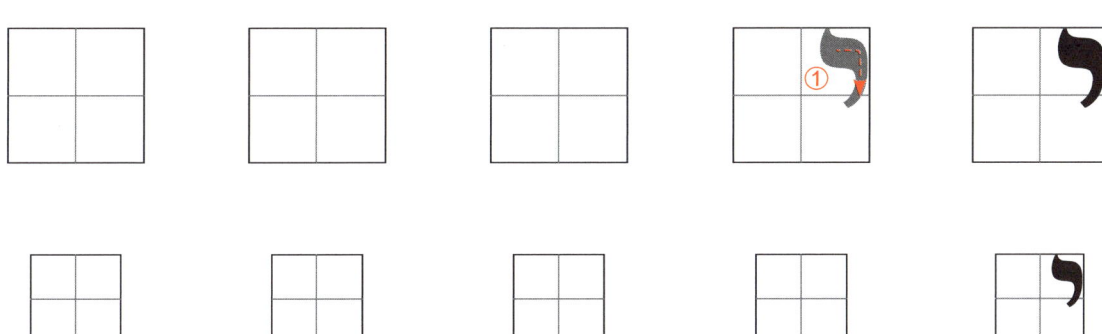

Lettera corsiva

• La **yod** corsiva assomiglia a un apostrofo: consiste infatti soltanto di un corto trattino verticale "appeso" al rigo superiore.

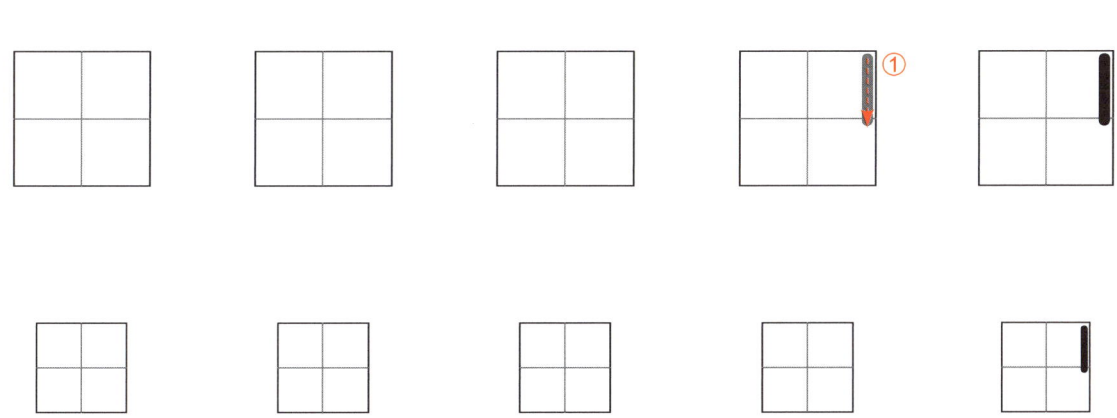

SCRIVERE LE CONSONANTI

kaf

Lettera quadrata

• Si traccia senza mai staccare la penna e iniziando da sinistra, in alto. Può avere entrambi gli angoli perfettamente retti, oppure lievemente stondati, come qui. Il daghesh all'interno indica che la pronuncia è **k** e non **kh** come per la **khaf**.

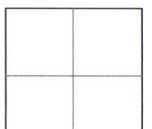 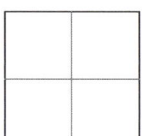 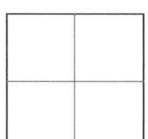 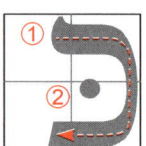 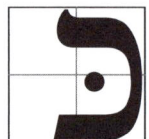

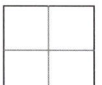 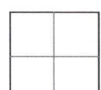 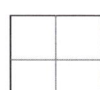 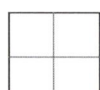 

Lettera corsiva

• La forma corsiva è molto simile alla quadrata, ma più curva… non dimenticate il daghesh nella pancia!

 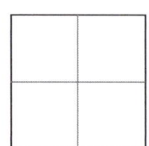 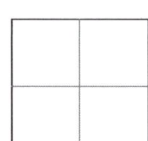 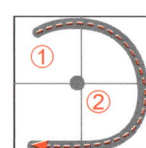 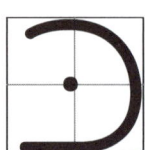

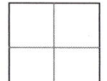 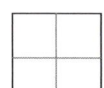  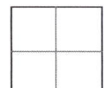

SCRIVERE LE CONSONANTI

khaf

Lettera quadrata

- L'abbiamo visto: è una **kaf** senza il daghesh all'interno e si pronuncia dunque **kh** (come la **khet**).

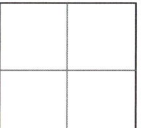 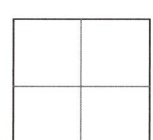 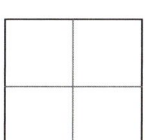 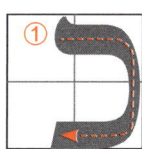 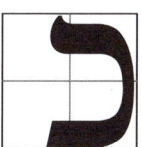

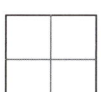 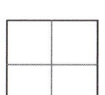 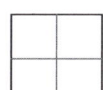 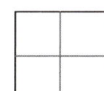

Lettera corsiva

- L'abbiamo visto: è una **kaf** senza il daghesh all'interno e si pronuncia dunque **kh**.

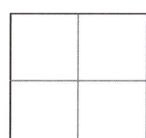 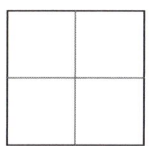 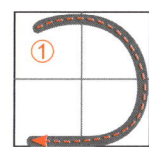 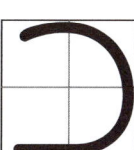

 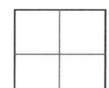 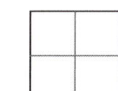 

SCRIVERE LE CONSONANTI

khaf finale ךכ

Lettera quadrata

• Quando si trova a fine di parola, la **kaf/khaf** ha sempre il suono fricativo di **khaf** e dunque si scrive senza daghesh. Ha inoltre una forma diversa rispetto a quando si trova all'inizio o in corpo di parola: il tratto verticale si allunga al di sotto del rigo, senza "chiudersi" nel tratto orizzontale appoggiato sul rigo.

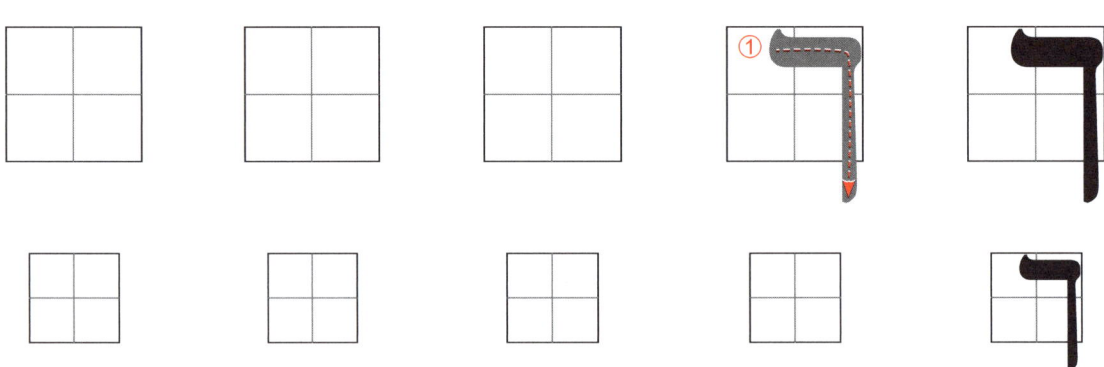

Lettera corsiva

• La **khaf** finale corsiva assomiglia alla quadrata, ma è più curva e mantiene, seppur a volte sia solo accennato, il tratto orizzontale appoggiato sul rigo; alla fine di questo tratto la penna scende verticalmente al di sotto del rigo.

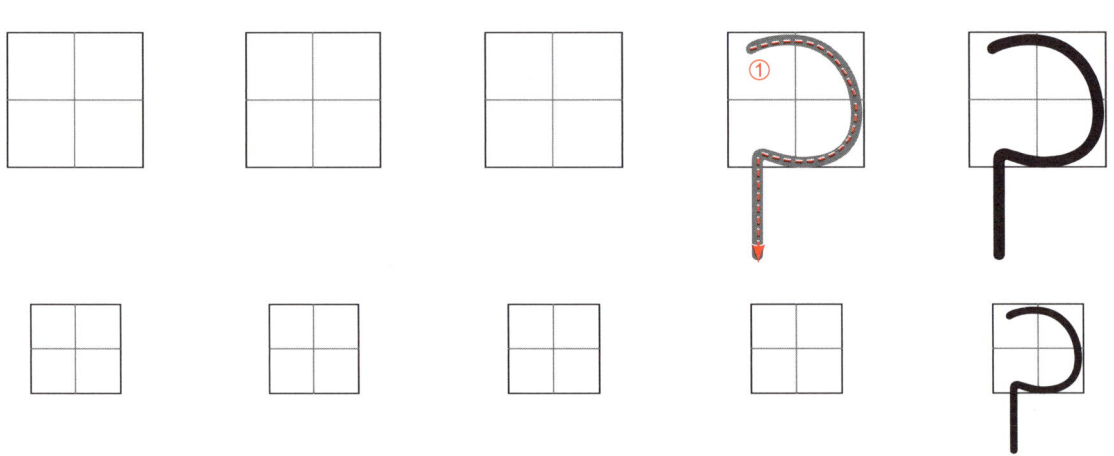

SCRIVERE LE CONSONANTI

làmed

Lettera quadrata

• La **làmed** è l'unica consonante che va oltre il rigo superiore anche nella sua forma quadrata. Iniziate a tracciarla proprio dall'alto.

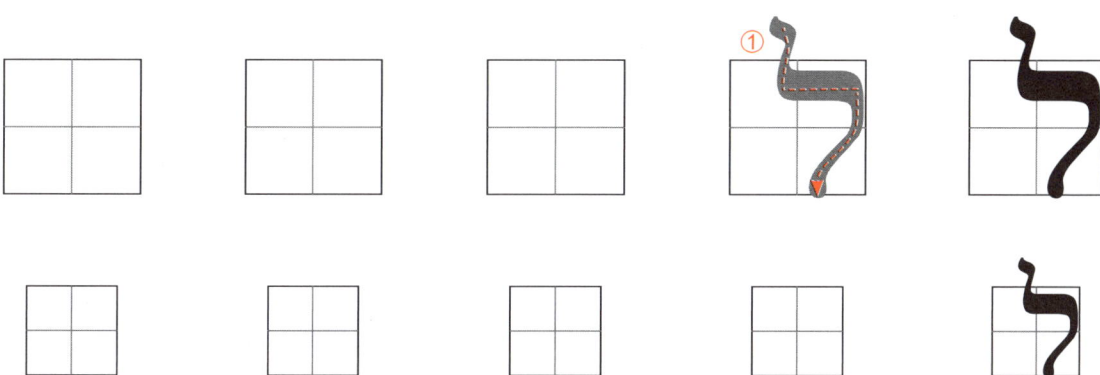

Lettera corsiva

• Anche la corsiva supera in altezza il rigo. Si inizia dal basso, tracciando un cerchiolino appoggiato sul rigo inferiore e, senza staccare la penna, si sale verso l'alto terminando con un tratto inclinato verso destra.

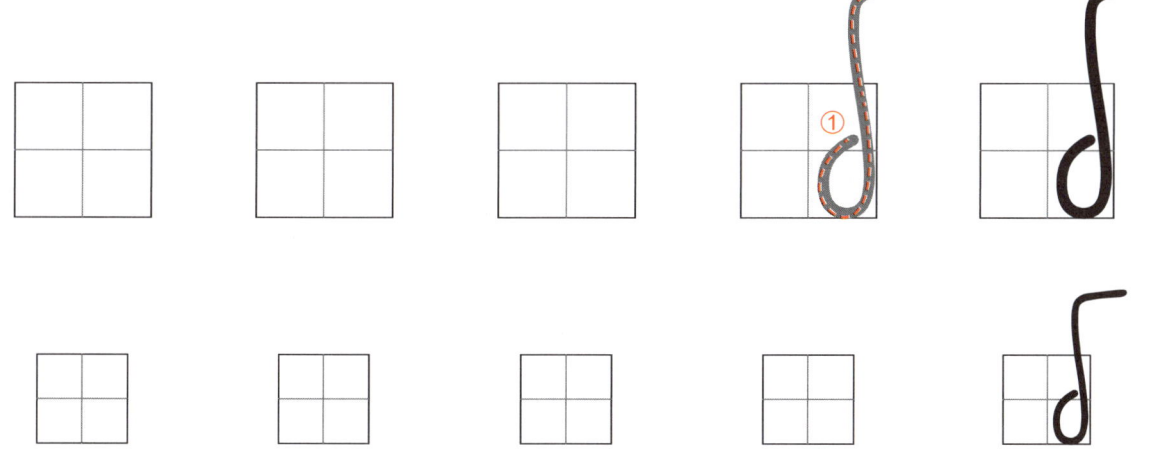

SCRIVERE LE CONSONANTI

mem N מ

Lettera quadrata

• La lettera si traccia in genere a partire da sinistra in basso: si risale con un tratto un po' inclinato verso destra, si fa la curva in alto e si scende fino al rigo, dove si termina con un segmento orizzontale; poi si stacca la penna e si aggiunge il trattino in alto a sinistra.

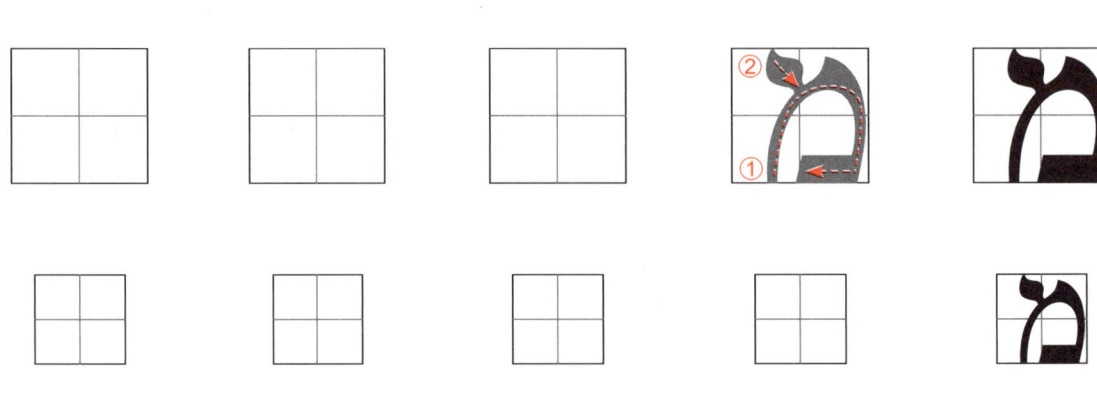

Lettera corsiva

• La **mem** corsiva è identica alla N stampatella maiuscola dell'alfabeto latino, ma attenzione: si traccia al contrario, cioè iniziando da destra in alto e terminando a sinistra in basso.

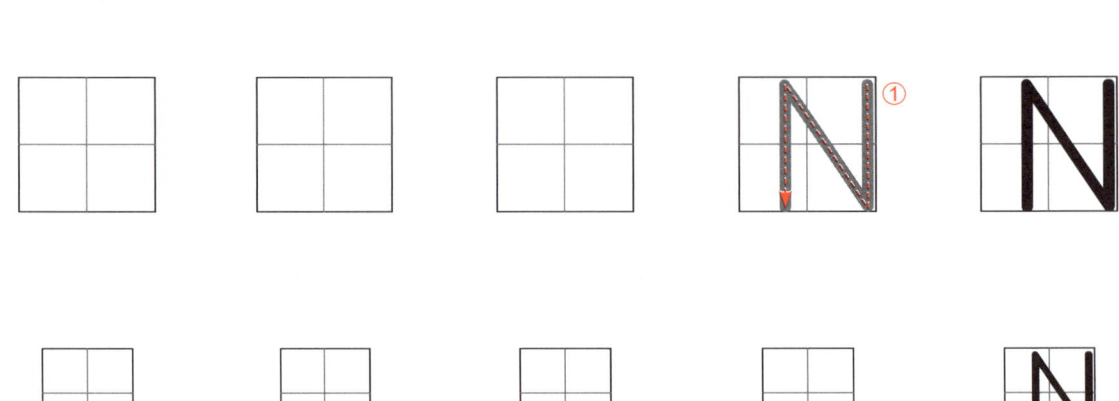

SCRIVERE LE CONSONANTI

mem finale

Lettera quadrata

• A fine di parola la **mem** assume una forma diversa rispetto a quando si trova a inizio o in corpo di parola; notate che il tratto superiore orizzontale sporge un po' a sinistra. La si può trovare anche con tutti gli angoli perfettamente retti e senza trattino sporgente, identica a un quadrato.

 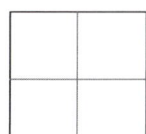 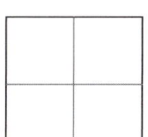 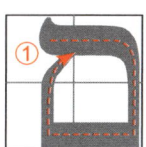 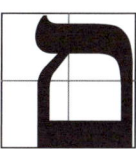

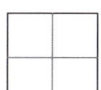 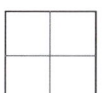 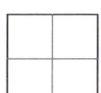 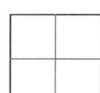 

Lettera corsiva

• La **mem** finale corsiva si traccia in due tempi: il primo tratto parte dal basso e risale con una linea verticale fino al rigo superiore, il secondo delinea un grosso cerchio appoggiato al tratto verticale.

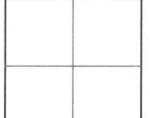 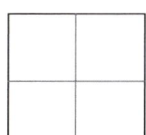 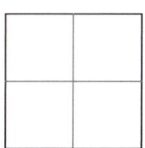 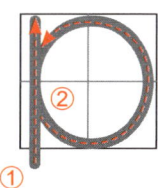 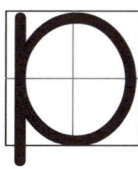

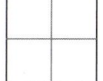   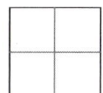 

SCRIVERE LE CONSONANTI

Lettera quadrata

• Si tratta di una lettera stretta, che si può tracciare anche con un unico tratto, iniziando in alto a sinistra. Notate che il tratto orizzontale superiore è un po' più corto di quello inferiore.

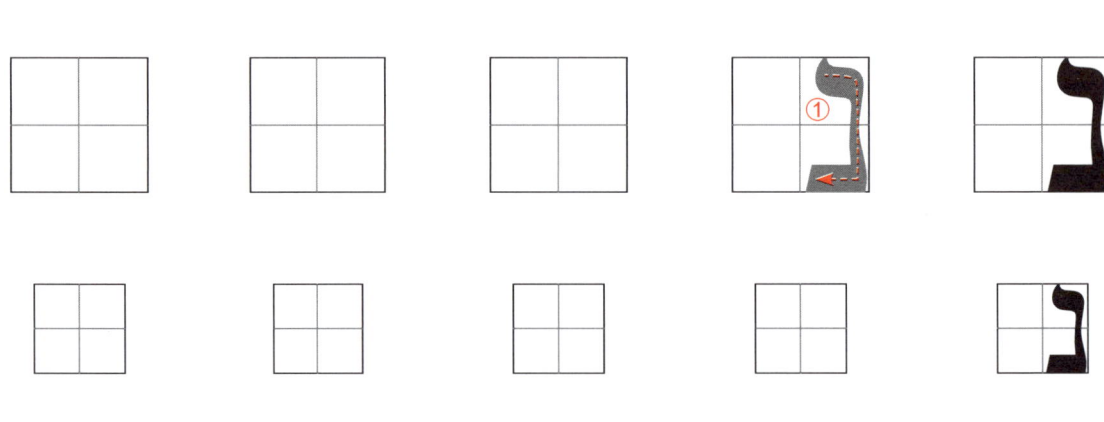

Lettera corsiva

• È come la **nun** quadrata, ma non presenta il tratto orizzontale superiore; inoltre l'angolo in basso a destra è più tondeggiante.

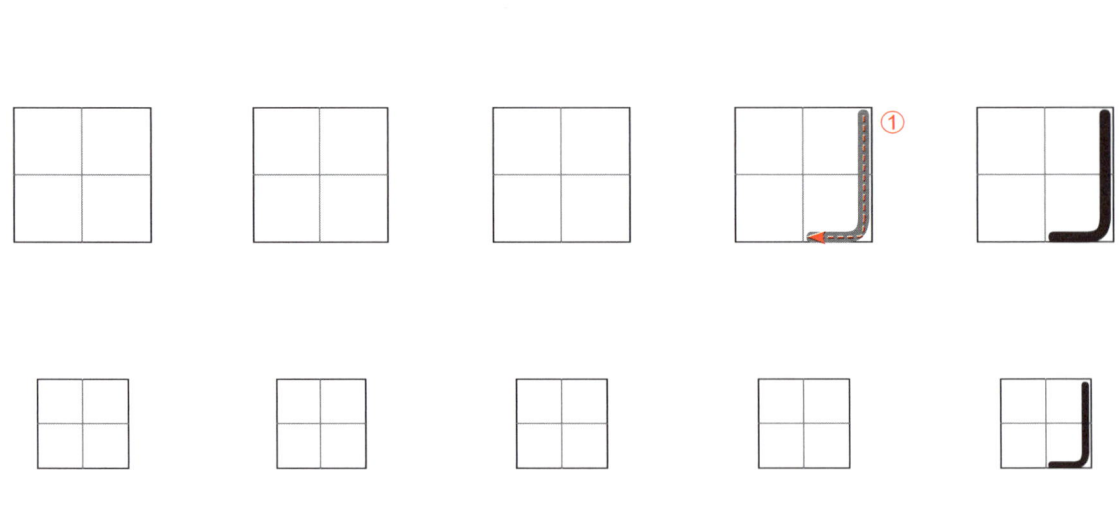

SCRIVERE LE CONSONANTI

nun finale | ן

Lettera quadrata

- In posizione finale la **nun** assume una forma diversa. Si traccia senza staccare la penna, iniziando dal piccolo trattino orizzontale e scendendo poi con il tratto verticale fin sotto il rigo. Oggi, in molti font quadrati la troviamo identica alla forma corsiva (vedi sotto).

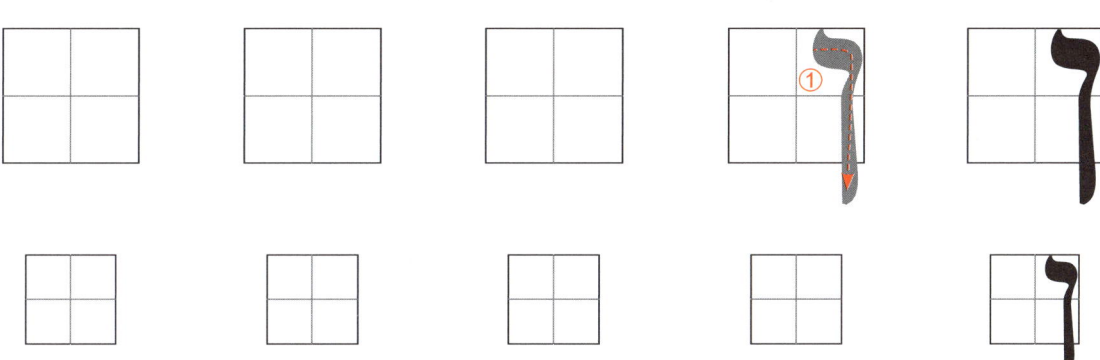

Lettera corsiva

- Una semplice linea verticale che prosegue al di sotto del rigo.

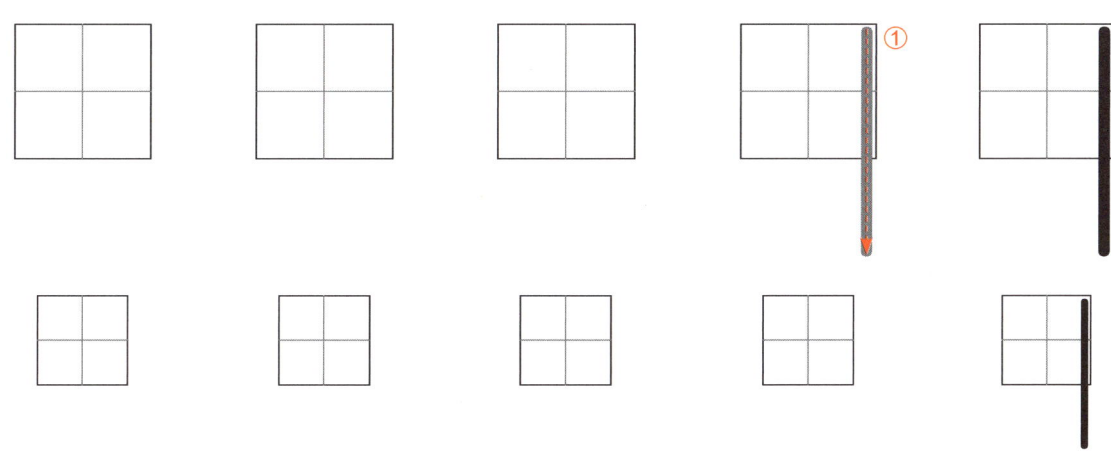

SCRIVERE LE CONSONANTI

 sàmekh

Lettera quadrata

• La lettera si traccia senza staccare la penna: iniziando da sinistra in alto, si delinea un cerchio che si chiude un po' più a destra del punto di partenza… insomma: deve sporgere un trattino a sinistra!

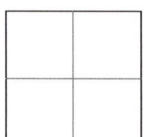 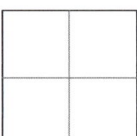 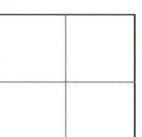 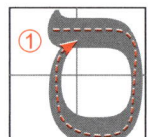 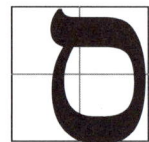

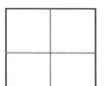 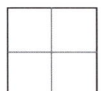 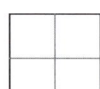 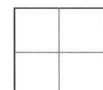 

Lettera corsiva

• La **sàmekh** corsiva è molto simile alla nostra O stampatella, ma più rotonda.

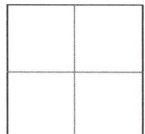 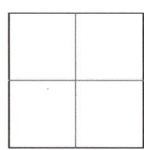 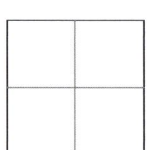 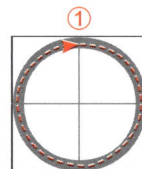 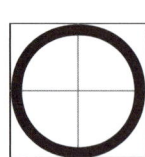

 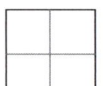 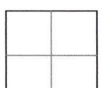 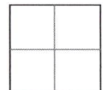 

SCRIVERE LE CONSONANTI

ʿàyin   ע

Lettera quadrata

• Si traccia in due tempi: il primo tratto inizia in alto a destra e prosegue con una curva basso che si appoggia al rigo inferiore; il secondo, leggermente obliquo, inizia dall'alto e arriva a congiungersi con la base del primo tratto.

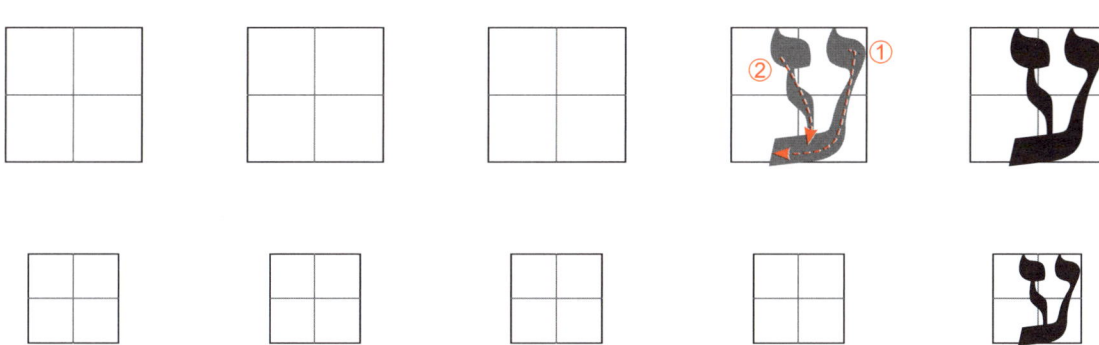

Lettera corsiva

• Si traccia senza staccare la mano, partendo in alto a destra.

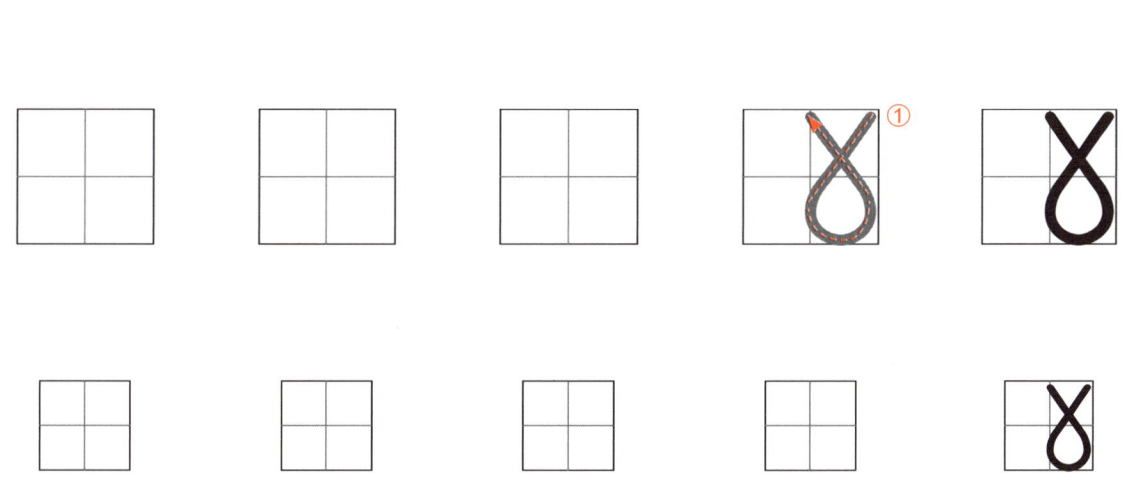

SCRIVERE LE CONSONANTI

pe

Lettera quadrata

• La lettera è simile alla **kaf**, ma ha un secondo tratto, più piccolo, che si attacca in alto al tratto maggiore e assomiglia a un amo. Il daghesh posto al centro indica che la lettera si pronuncia **p** e non **f**.

 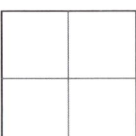 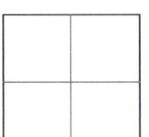 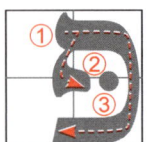 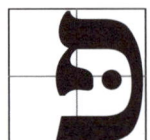

 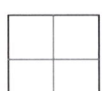 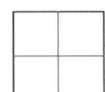 

Lettera corsiva

• In corsivo la struttura esterna della **pe** si traccia in un solo tempo, partendo in alto a sinistra: disegnate una "chiocciola", sempre con il daghesh... nella pancia!

 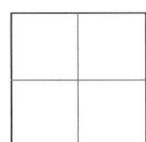 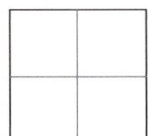 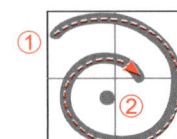 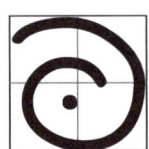

  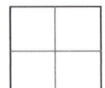 

SCRIVERE LE CONSONANTI

fe

Lettera quadrata

- È una **pe** ma senza daghesh all'interno e si pronuncia dunque **f**.

 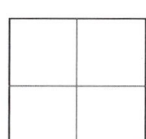 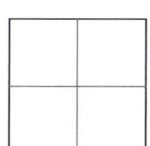 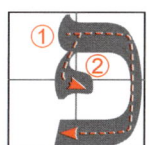 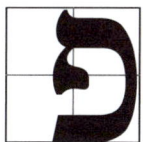

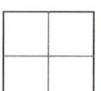 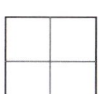 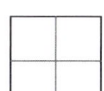 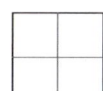 

Lettera corsiva

- È una **pe** ma senza daghesh all'interno e si pronuncia dunque **f**.

 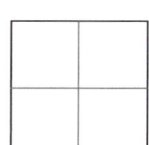 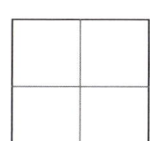 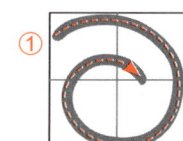 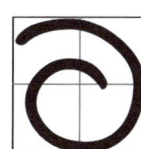

 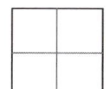 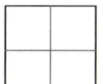 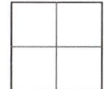 

SCRIVERE LE CONSONANTI

fe finale ף

Lettera quadrata

• Si traccia in modo simile alla **fe** quando posta a inizio o in corpo di parola, però è aperta in basso e il segmento verticale del tratto maggiore scende al di sotto del rigo.

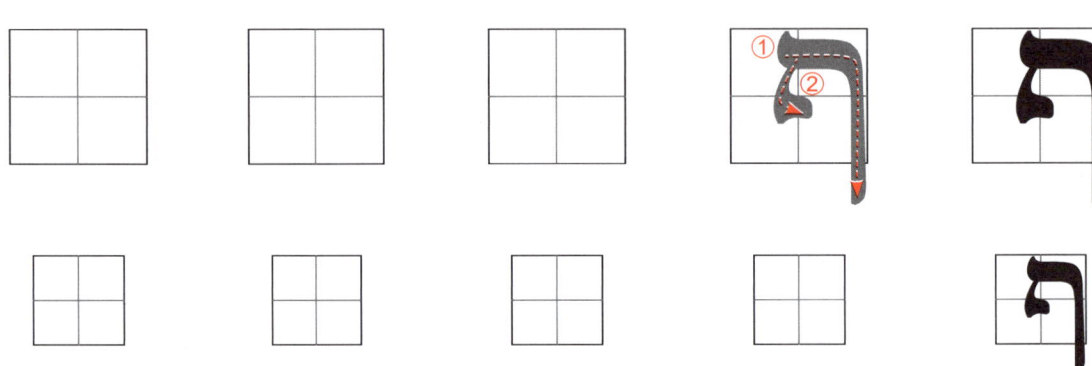

Lettera corsiva

• La **fe finale** in corsivo ricorda una chiave di violino e si traccia senza mai staccare la penna. Si inizia a tracciare l'anello in basso, appoggiato sul rigo inferiore, e poi si risale al di sopra del rigo superiore (come per la **làmed**); infine si chiude la lettera con un altro anello in alto e ridiscendendo verso il primo anello.

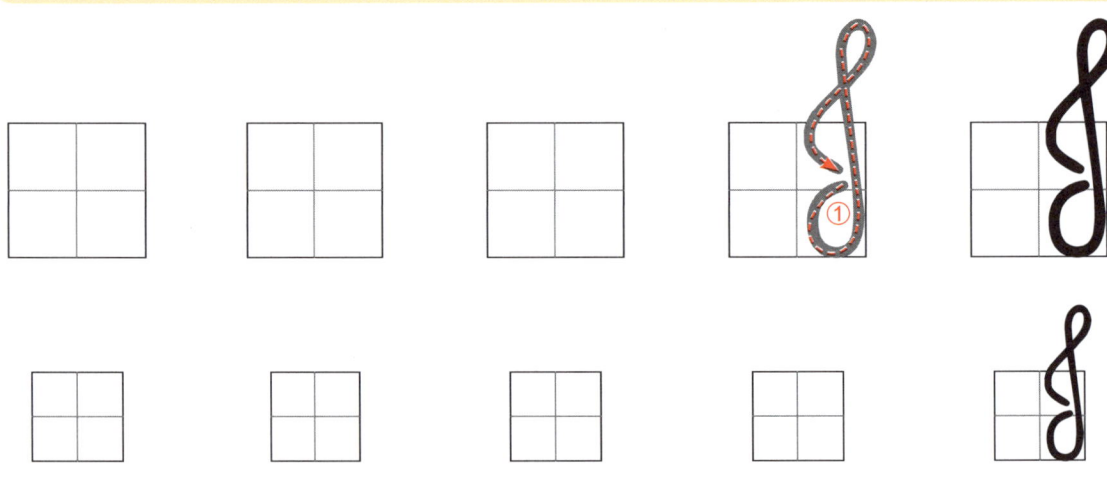

SCRIVERE LE CONSONANTI

tzàde 3 צ

Lettera quadrata

• La lettera si traccia in due tempi: il tratto maggiore inizia in alto a sinistra, prosegue obliquo verso il basso e termina con il segmento orizzontale; il secondo tratto, più piccolo e obliquo, inizia in alto a destra e si congiunge alla metà del tratto maggiore.

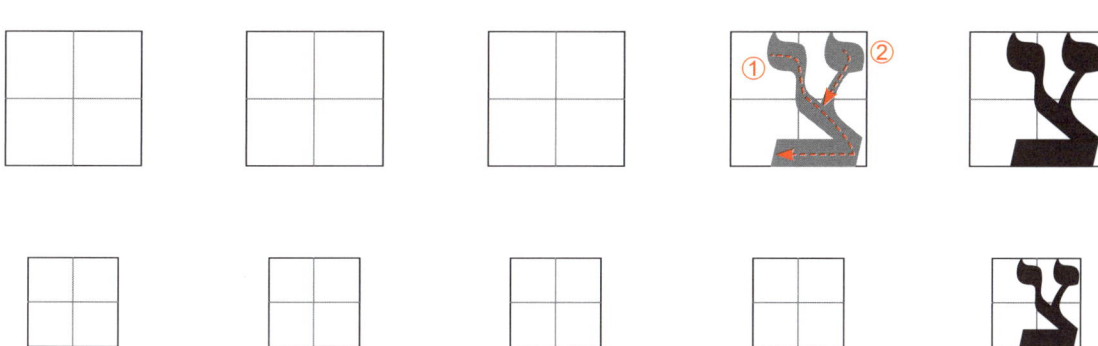

Lettera corsiva

• In corsivo la lettera assomiglia a un 3 molto alto: si traccia proprio come il 3, ma sale oltre il rigo superiore.

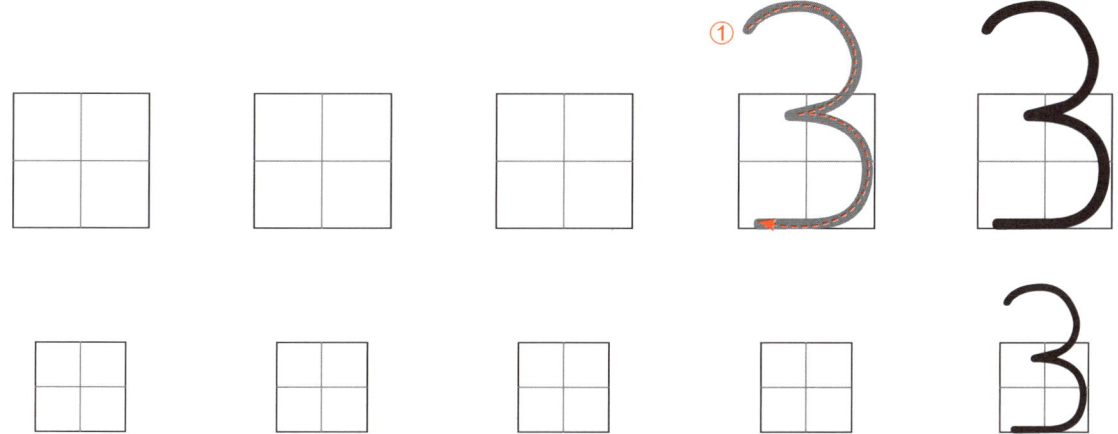

SCRIVERE LE CONSONANTI

tzàde finale

Lettera quadrata

- La lettera si traccia in due tempi: il primo tratto, più lungo, scende verticalmente sotto il rigo e il secondo, più corto, inizia in alto a destra e scende obliquo fino a congiungersi alla metà circa del tratto verticale.

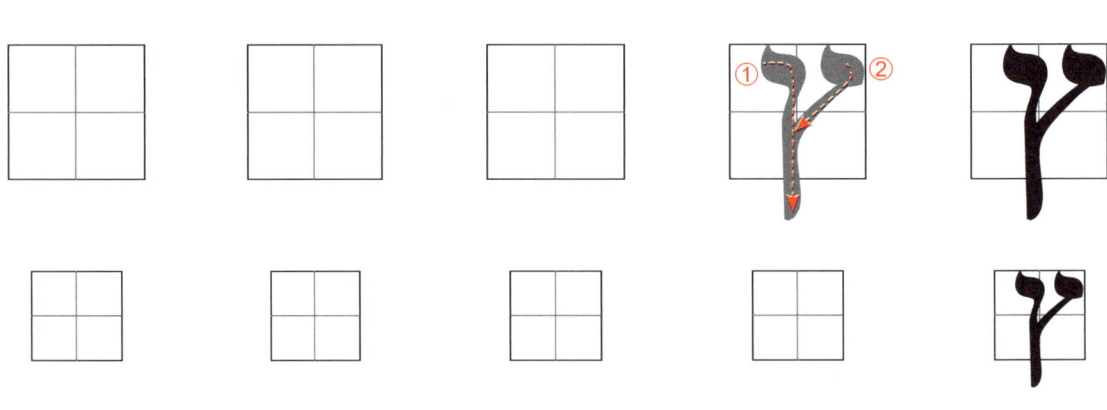

Lettera corsiva

- In scrittura corsiva la lettera assomiglia molto alla **fe finale**; la differenza è che, una volta tracciato l'anello superiore, la penna non deve ridiscendere verso l'anello inferiore, ma risalire verso l'alto disegnando una curva.

SCRIVERE LE CONSONANTI

qof

Lettera quadrata

• La lettera è composta da due tratti che non si toccano: il primo delinea il segmento orizzontale superiore e prosegue obliquo, discendendo da destra a sinistra; il secondo è una linea verticale che inizia circa a metà dei due righi e scende oltre il rigo inferiore.

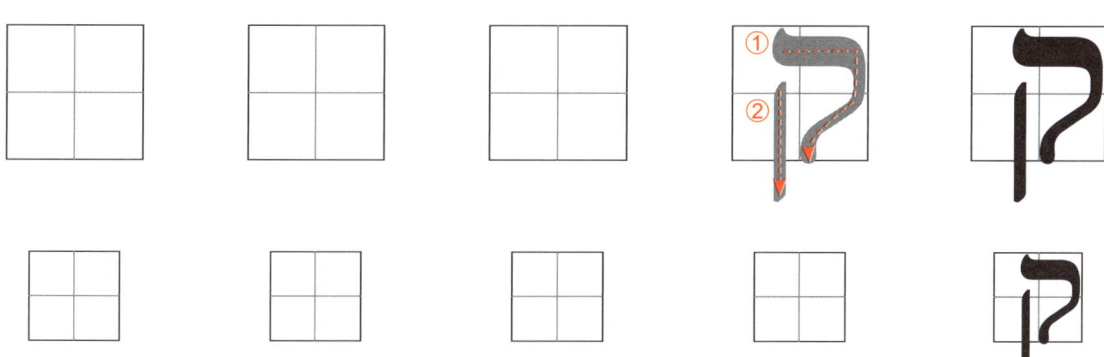

Lettera corsiva

• Per il corsivo si procede come nel caso della **qof** quadrata: l'unica differenza è che il primo tratto è curvo, cioè non composto da due segmenti, ma da un unico arco.

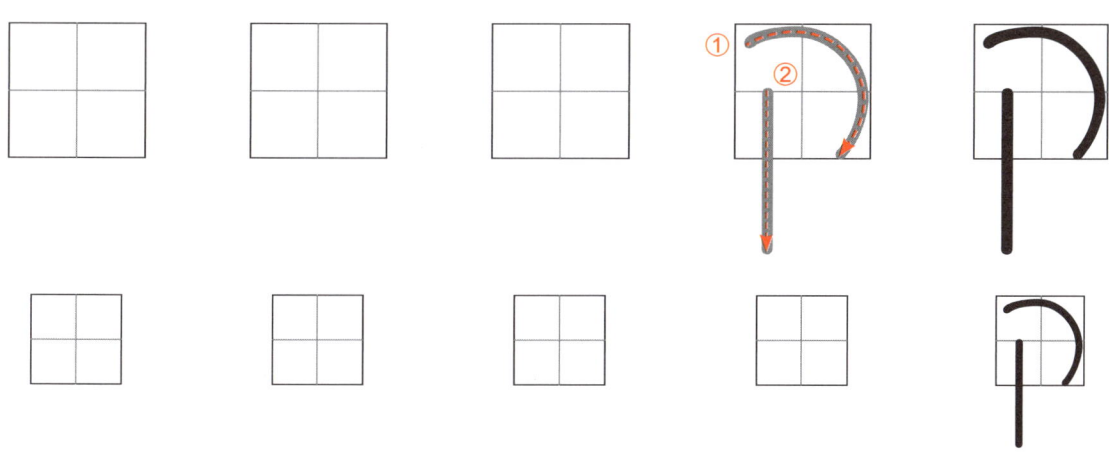

SCRIVERE LE CONSONANTI

resh ר ר

Lettera quadrata

• Questa lettera è come la **khaf**, ma aperta sotto, in altre parole senza il tratto orizzontale inferiore.

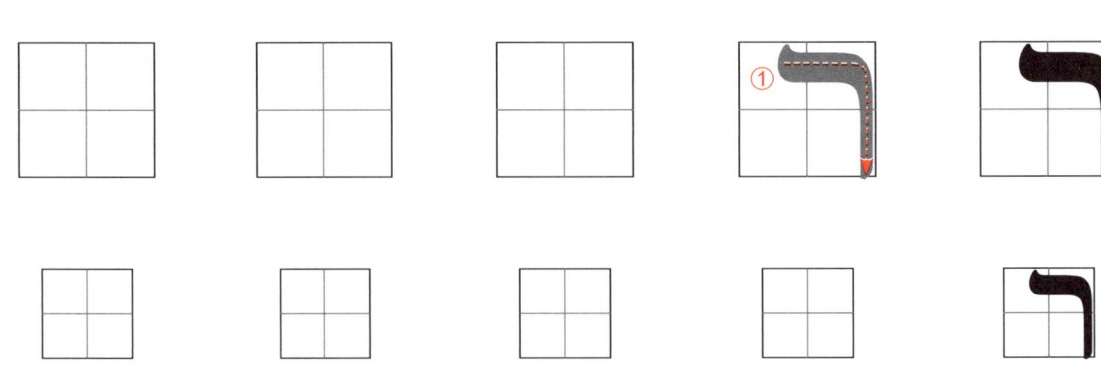

Lettera corsiva

• La **resh** corsiva è del tutto analoga alla quadrata, ma più curva.

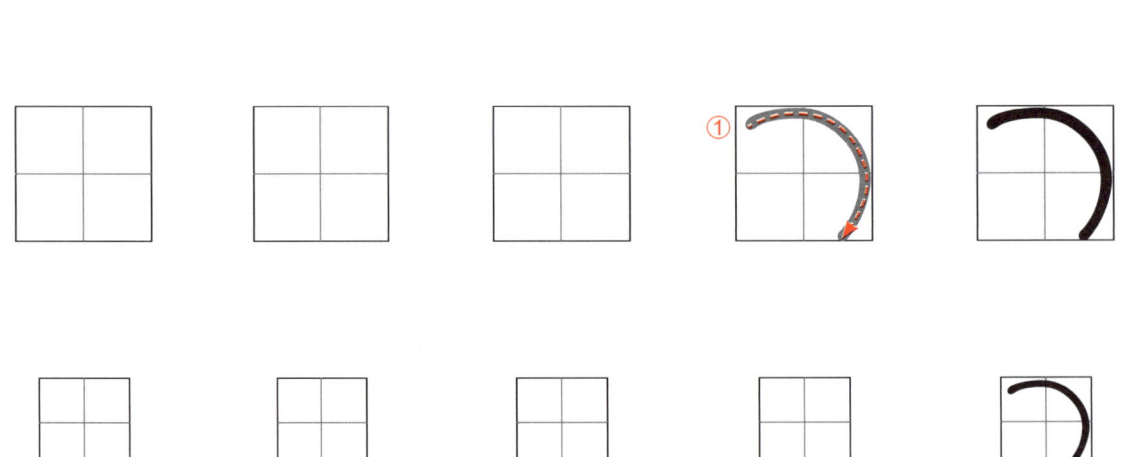

SCRIVERE LE CONSONANTI

shin

Lettera quadrata

• La **shin** quadrata si traccia in tre tempi. Il primo tratto "esterno" inizia in alto a sinistra, scende lievemente inclinato, disegna la base sul rigo e risale sempre lievemente inclinato. Il secondo tratto, centrale, può essere perfettamente verticale o lievemente obliquo. Per ultimo il puntino in alto a destra, a indicare che la pronuncia è **sh** e non **s**.

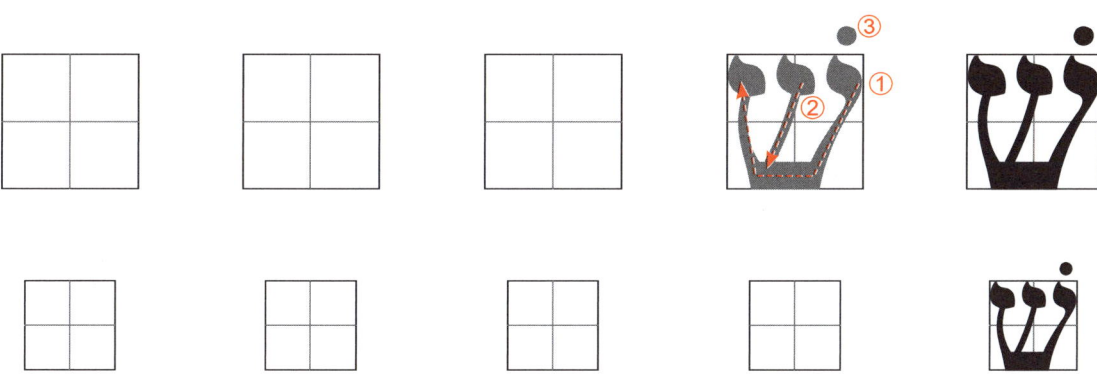

Lettera corsiva

• In scrittura corsiva la **shin** assomiglia a una nostra *e* corsiva. Non dimenticate il puntino in alto a destra.

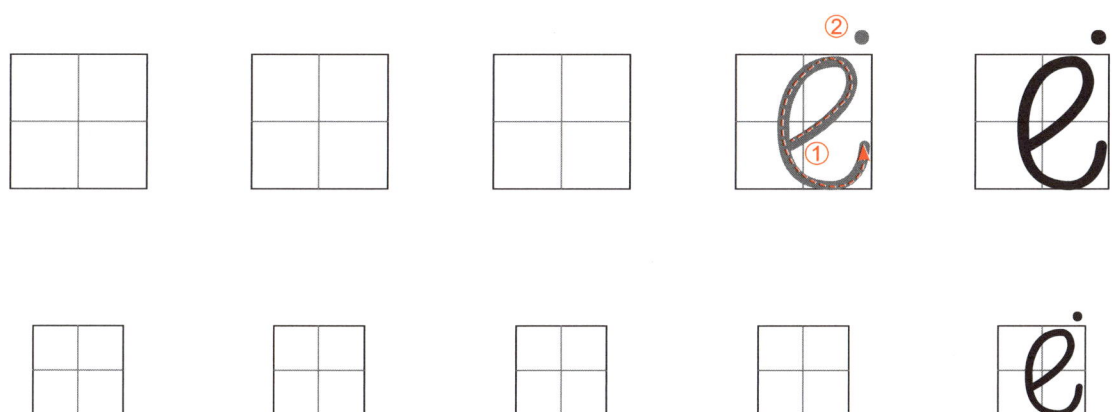

53

SCRIVERE LE CONSONANTI

sin

Lettera quadrata

• È identica alla **shin**, ma il puntino è in alto a sinistra: non dimenticatelo perché è ciò che ci dice che la pronuncia è <u>**s**</u> e non **sh**.

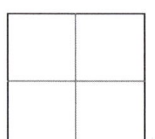 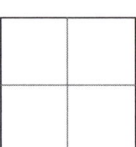 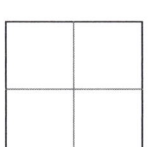 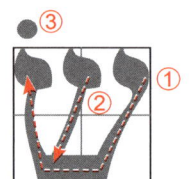 

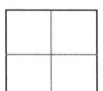 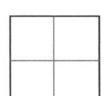 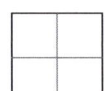 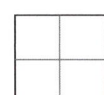 

Lettera corsiva

• Identica alla **shin** corsiva, ma con il puntino in alto a sinistra.

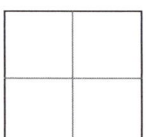 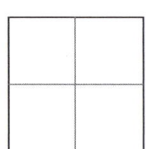 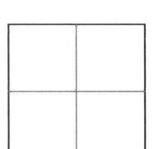 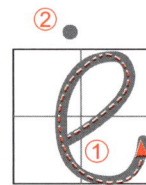 

  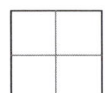 

SCRIVERE LE CONSONANTI

tav

Lettera quadrata

• Si scrive in due tempi: il primo tratto inizia in alto a sinistra ed è composto dal segmento orizzontale in alto e da quello verticale a destra; il secondo tratto parte dal tratto orizzontale superiore (che deve "sporgere" un po' a sinistra), scende verticalmente e infine disegna il piedino verso sinistra.

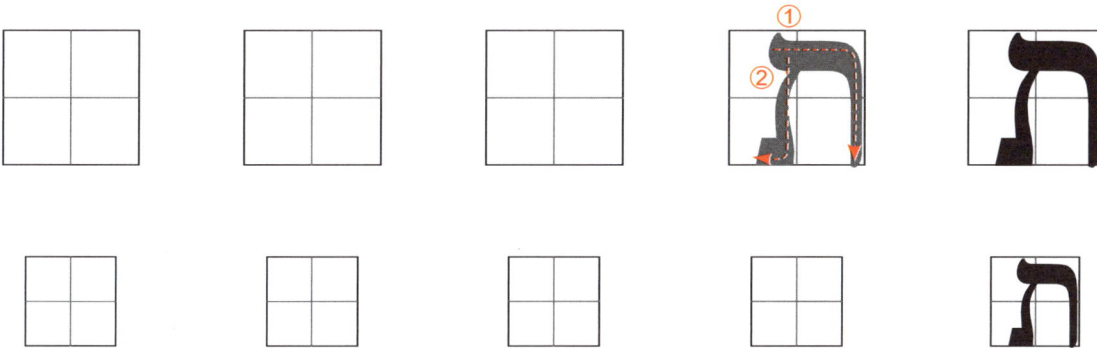

Lettera corsiva

• Anche la corsiva si scrive in due tempi: è simile alla quadrata, ma il primo tratto è curvo, senza angoli. Inoltre il tratto verticale con il piedino a sinistra si attacca all'estremità finale del tratto curvo e la supera un po' in altezza.

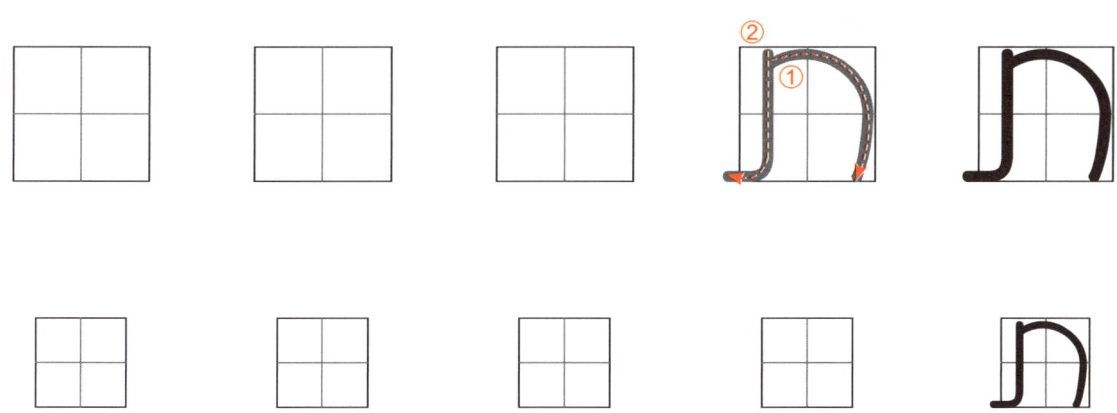

Le vocali

L'ebraico moderno si scrive comunemente senza vocali. Sembra strano, ma è così: la pronuncia delle singole parole è associata alla loro "struttura consonantica" e il contesto aiuta a individuare il giusto significato, e dunque la giusta lettura, nel caso di parole omografe.

In realtà - lo sappiamo dall'introduzione storica - questo è un po' un ritorno al passato: i testi nell'antichità erano tramandati senza vocalizzazione e solo in seguito fu creato dai masoreti il complesso sistema vocalico, che consentì una fissazione definitiva del testo biblico. Questo sistema, composto da puntini e lineette inseriti al di sotto (soprattutto) o al di sopra delle consonanti, dava indicazione, oltre che dei suoni vocalici, anche degli accenti tonici e della punteggiatura… In ebraico parliamo di **niquddim** ניקודים, punti, oppure di **tenu'ot** תנועות, movimenti (con riferimento all'andamento della voce).

Di seguito impareremo i segni vocalici - una sola parte dell'articolato apparato di puntuazione masoretica - perché per i principianti sono indispensabili per l'apprendimento della lingua e per le prime letture. Poi, man mano, andranno eliminati: anche in questo quaderno, nelle ultime pagine, vi proporremo di provare a scrivere senza vocali.

Noterete che esistono diversi segni per indicare quelle che in italiano sono le stesse vocali (diversi segni per la **a**, diversi segni per la **e** eccetera)… Questo perché quando furono ideati esistevano distinzioni sulla base della lunghezza, dell'apertura e della posizione della lingua nell'articolazione delle vocali. Oggi, però, nell'ebraico moderno, fatte pochissime eccezioni, nella pronuncia si sentono ormai soltanto le cinque vocali A, E, I, O e U (più una vocale muta), senza variazioni di apertura, durata o articolazione.

Nella grafia, come dicevamo, sono stati mantenuti tutti i segni masoretici tradizionali, e questi sono posti al di sotto delle consonanti in base a regole complesse: anche se sono ormai di fatto omofoni, nella scrittura non sono affatto intercambiabili e per questa ragione è molto facile fare errori scrivendo le vocali… quando si sente la pronuncia ad esempio di una A non si sa mai bene quale segnetto scegliere per renderla nello scritto. Insomma, se è vero che le vocali sono utilissime quando si legge, queste possono creare non poche difficoltà quando le si deve scrivere: la grafia senza vocali alla fin fine semplifica la vita a tutti!

A questa pagina potrete esercitarvi leggendo un giornale con le vocali: **http://shaaronline.co.il**

LE VOCALI

La vocale A

Pa<u>t</u>akh

פתח - si tratta di una semplice lineetta orizzontale al di sotto della consonante.

Khataf pa<u>t</u>akh

חטף פתח - un **pa<u>t</u>akh** composto con lo **sheva** (due puntini disposti verticalmente, vedi oltre). È una semivocale e dunque indicava una **a** brevissima; oggi tuttavia la sua pronuncia non si distingue da quella della **a** "piena". Per ragioni legate alla natura originale delle consonanti può trovarsi solo sotto le gutturali ע, ח, ה, א.

Qamatz

קמץ - si scrive come una piccola T stampatella maiuscola al di sotto della lettera.

La vocale E

Seghol

סגול - tre puntini disposti a forma di piramide rovesciata.

Khataf seghol

חטף סגול - un **seghol** composto con lo **sheva** (due puntini disposti verticalmente, vedi oltre). È una semivocale e dunque indicava una **e** brevissima; oggi tuttavia la sua pronuncia non si distingue da quella della **e** "piena". Per ragioni legate alla natura originale delle consonanti può trovarsi solo sotto le gutturali ע, ח, ה, א.

Tzereh

צרה - due puntini disposti orizzontalmente.

LE VOCALI

Sheva na'

שְׁוָא נָע - si tratta di una **e** brevissima, indicata da due puntini posti uno al di sopra dell'altro.

La vocale I

Khiriq

חִירִיק - un puntino sotto la consonante. Questa forma viene chiamata anche **khiriq khasser** חִירִיק חָסֵר, khiriq difettivo, per distinguerla dal **khiriq male** (vedi sotto).

Khiriq male

חִירִיק מָלֵא - un **khiriq** pieno/completo: è una **i** lunga, composta con la **yod**, che in questo caso non è ovviamente consonante bensì *mater lectionis* (si veda l'introduzione). La pronuncia oggi è identica a quella del **khiriq** senza *mater lectionis*.

LE VOCALI

La vocale O

Kholam

חולם - si indica con un semplice puntino in alto a sinistra della consonante. Questa forma è detta anche **kholam khasser** חולם חסר, kholam difettivo, per distinguerla dal **kholam male** (vedi sotto).

Kholam male

חולם מלא - **kholam male**, ossia pieno/completo: il puntino in alto è posto al di sopra di una **vav**, che in questo caso non è consonante bensì *mater lectionis*. Si tratta di una **o** lunga, ma oggi per lo più si pronuncia come il **kholam khasser**.

Khataf qamatz

חטף קמץ - un **qamatz** composto con lo **sheva**. È una semivocale e dunque indica una **o** brevissima. Spesso, tuttavia, la sua pronuncia non si distingue da quella delle altre due **o** viste sopra.

LE VOCALI

La vocale U

Qubbutz

קוּבּוּץ - tre puntini posti in diagonale al di sotto della consonante.

Shuruq

שׁוּרוּק - una **vav** con un puntino "nella pancia"; la **vav** in questo caso non è consonante bensì *mater lectionis*. Si tratta di una **u** lunga, ma nei fatti si pronuncia come il **qubbutz**.

La "vocale muta": sheva nakh

שְׁוָא נָח - pensate com'era esaustivo il sistema di puntuazione tiberiense: aveva previsto anche un segno per indicare l'assenza di suono! Per amore di completezza lo segnaliamo, ma oggi lo **sheva nakh**, graficamente identico allo **sheva naʻ**, non si scrive più: è molto più semplice e intuitivo non scrivere alcunché!

Vocali e sillabe

Le sillabe ebraiche iniziano sempre con consonante, fatta eccezione per la sillaba וּ **u-** (una congiunzione) a inizio di parola. Possono essere sillabe:
1) **C**(onsonante)-**V**(ocale), in altre parole sillabe aperte, oppure
2) **C**(onsonante)-**V**(ocale)-**C**(onsonante), quindi sillabe chiuse.

Nell'ebraico biblico, quando c'era un daghesh forte la consonante raddoppiava: una delle due lettere chiudeva la prima sillaba, l'altra apriva la seconda. Lo si vede ad esempio nella parola **shabbat̠** שׁבת, che si divide così: shab-bat̠. Nell'ebraico moderno non esiste più il daghesh forte e non si sentono parole con lettere doppie.

Nell'esercizio proposto alle prossime pagine troverete una lettera quadrata e dovrete riscriverla più volte in corsivo, aggiungendo le vocali indicate nel titolo dell'esercizio e creando in questo modo le sillabe.

VOCALI E SILLABE

Sillabe con le due vocali A ָ ַ

1) צ Tza
2) ד Da
3) ג Gha
4) ב Va
5) ב Ba
6) כ Ka
7) י Ya
8) ט Ta
9) ז Za

VOCALI E SILLABE

Sillabe con le tre vocali A ָ ַ ֲ

10) א a

11) ה Ha

12) ח Kha

13) ע 'a

10) בִּ בַּ בָּ
11) כְ כַ כָ
12) חֲ חַ חָ
13) עֲ עַ עָ

Soluzioni

1) בְ בָ
2) בֲ בַ
3) כֲ כַ
4) בָ בַ
5) בָ בַ
6) כָ כַ
7) ‏ ‏
8) לֲ לַ
9) לְ לָ

VOCALI E SILLABE

Sillabe con le tre vocali E ְ ֱ ֵ

1) פ Pe
2) ס Se
3) נ Ne
4) מ Me
5) ת Te
6) שׂ Se
7) שׁ She
8) ר Re
9) ק Qe

VOCALI E SILLABE

Sillabe con le quattro vocali E

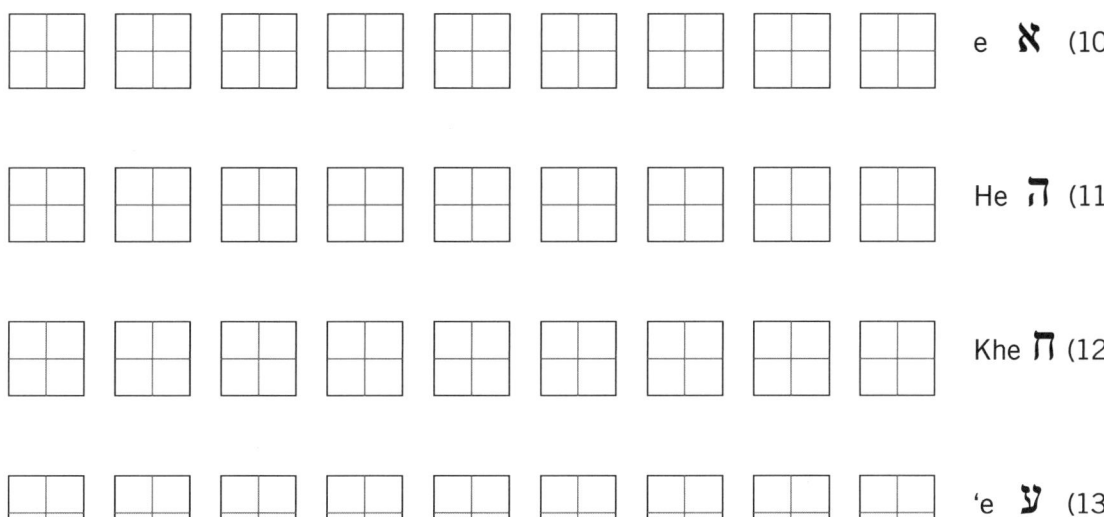

Soluzioni

VOCALI E SILLABE

Sillabe con le due vocali I

VOCALI E SILLABE

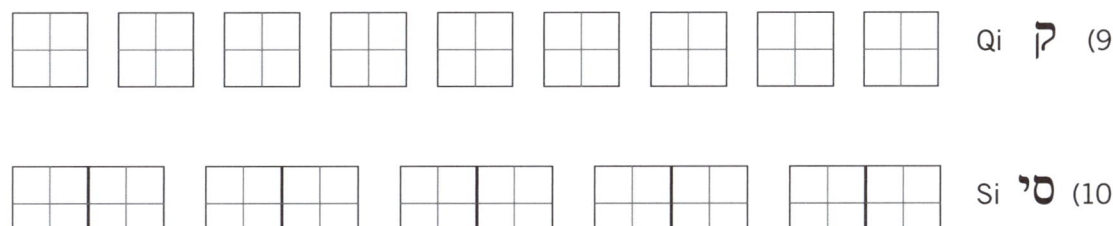

9) ק Qi

10) סִי Si

Soluzioni

1) סָ
2) סִי
3) סְ
4) סֵי
5) סָ

6) סִי
7) סְ
8) סֹי
9) סִי
10) סֻי

69

Sillabe con le due vocali O ֹ   וֹ

	שׁוֹ (1 So
	צ (2 Tzo
	מוּ (3 Mo
	יֹ (4 Yo
	כֹ (5 Ko
	אוֹ (6 o

Soluzioni

1) שׁוֹ
2) צ
3) מוֹ
4) יֹ
5) כֹ
6) אוֹ

Sillabe con le due vocali U

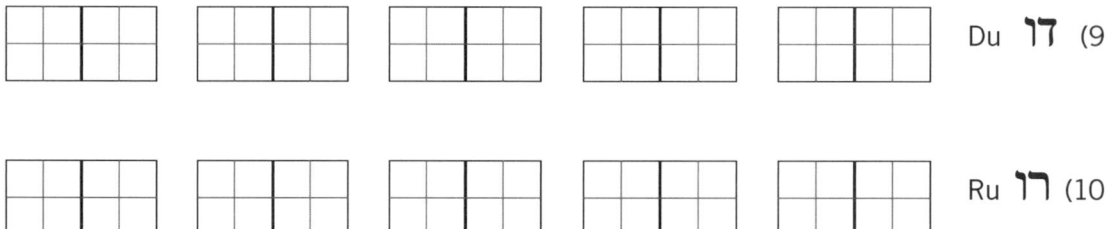

9) דּוּ Du

10) רוּ Ru

Soluzioni

1) לוֹ
2) לֹ
3) כַּ
4) בֹ
5) לוֹ
6) בֹ
7) לוּ
8) כוֹ
9) בִי
10) תִי

Alcune parole

Finalmente possiamo esercitarci a scrivere qualche parola!
In alto troverete la parola o l'espressione in scrittura quadrata, seguita dalla traslitterazione e dalla traduzione: provate a riscriverla in corsivo, sia con le vocali, come nei nostri esempi di tre grandezze diverse, sia senza le vocali. Ricordate che nella traslitterazione segniamo l'accento solo sulle parole che non ce l'hanno sull'ultima sillaba.

Ciao/Salve shalom שָׁלוֹם

Letteralmente *pace*

ALCUNE PAROLE

Arrivederci lehitraot לְהִתְרָאוֹת

לְהִתְרָאוֹת

לְהִתְרָאוֹת

לְהִתְרָאוֹת

ALCUNE PAROLE

Per favore/prego bevaqashah בְּבַקָשָׁה
Letteralmente *con richiesta*

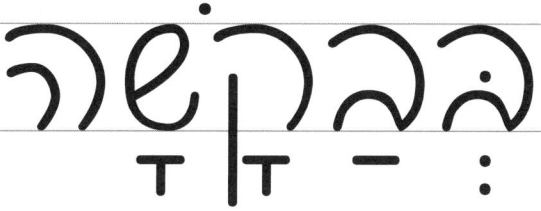

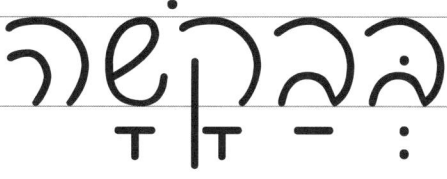

 **ALCUNE PAROLE**

Grazie todah תּוֹדָה

תּוֹדָה

תּוֹדָה

תּוֹדָה

ALCUNE PAROLE

Scusa/Mi scusi slikhah סְלִיחָה

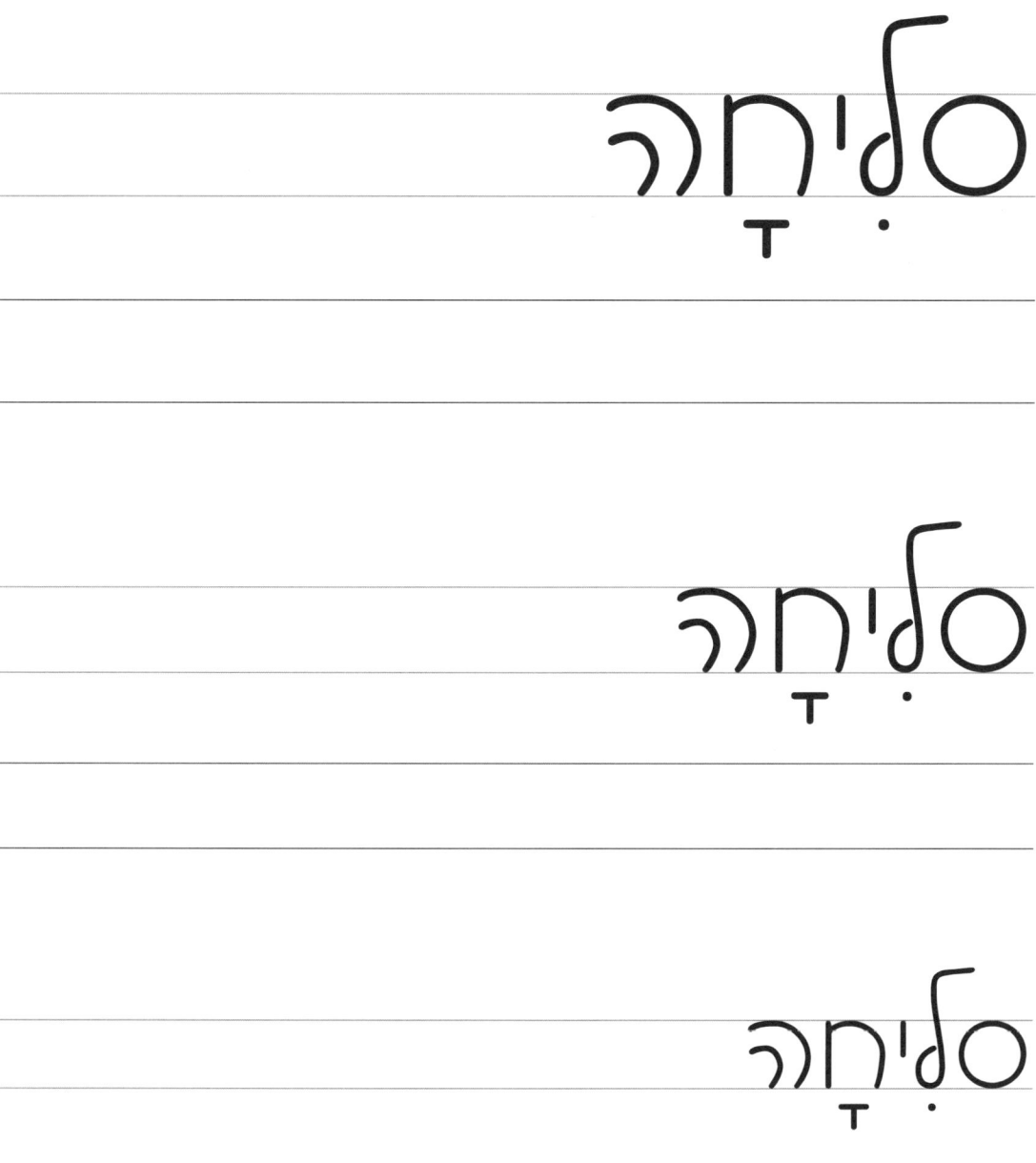

ALCUNE PAROLE

Buon appetito! beteavon! ‏בְּתֵאָבוֹן!‏

Letteralmente *con gusto*

‏בְּתֵאָבוֹן!‏

‏בְּתֵאָבוֹן!‏

‏בְּתֵאָבוֹן!‏

ALCUNE PAROLE

Buona fortuna! behatzlakhah! בְּהַצְלָחָה!
Letteralmente *con successo*

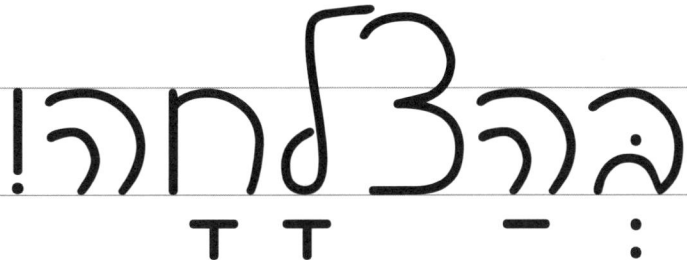

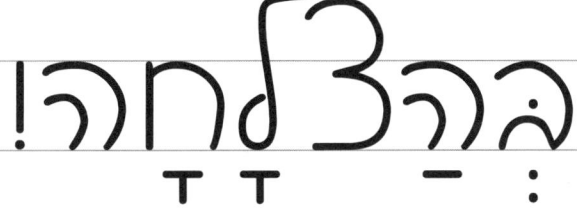

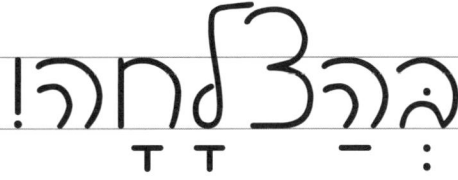

ALCUNE PAROLE

Va bene/D'accordo beseder בְּסֵדֶר

Letteralmente *in ordine*

בְּסֵדֶר

בְּסֵדֶר

בְּסֵדֶר

ALCUNE PAROLE

Vino yàyin יַיִן

Cin cin/Salute! Lekhayim! ‎!לְחַיִּים

Letteralmente *alla vita*

‎לְחַיִּים!

‎לְחַיִּים!

‎לְחַיִּים!

ALCUNE PAROLE

Primavera a_viv_ אָבִיב

ALCUNE PAROLE

Estate qàyitz קַיִץ

קַיִץ

קַיִץ

קַיִץ

ALCUNE PAROLE

Autunno stav סְתָו

סְתָו

סְתָו

סְתָו

ALCUNE PAROLE

Inverno khòref חוֹרֶף

חוֹרֶף

חוֹרֶף

חוֹרֶף

ALCUNE PAROLE

Cibo òk̲h̲el אוֹכֶל

ALCUNE PAROLE

Settimana shavùa' שָׁבוּעַ

שָׁבוּעַ

שָׁבוּעַ

שָׁבוּעַ

ALCUNE PAROLE

Scarpe na'alàyim נַעֲלָיִים
Letteralmente *due scarpe* (duale)

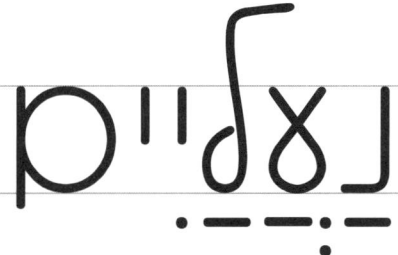

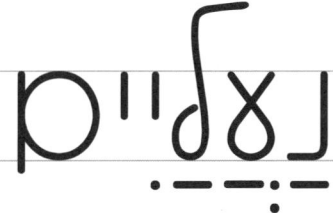

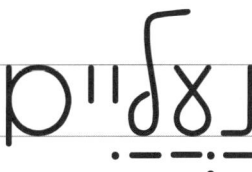

ALCUNE PAROLE

Succo mitz מִיץ

מִיץ

מִיץ

מִיץ

ALCUNE PAROLE

Biblioteca sifriyah סִפְרִיָּה

ALCUNE PAROLE

Libro sèfer סֵפֶר

ALCUNE PAROLE

Carne basar בָּשָׂר

Soldi/Denaro kèsef כֶּסֶף

Indica anche l'*argento*

כֶּסֶף

כֶּסֶף

כֶּסֶף

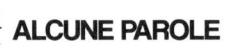

ALCUNE PAROLE

Israele Yi‫ֵׂשְרָאֵל‬

ALCUNE PAROLE

Ginocchio bèrekh בֶּרֶךְ

בֶּרֶךְ

בֶּרֶךְ

בֶּרֶךְ

ALCUNE PAROLE

Occhiali mishqafàyim מִשְׁקָפַיִם
Letteralmente *due riflettenti* (duale)

מִשְׁקָפַיִם

מִשְׁקָפַיִם

מִשְׁקָפַיִם

ALCUNE PAROLE

Forchetta mazleg מַזְלֵג

אָכַל

אָכַל

אָכַל

ALCUNE PAROLE

Bibbia Tanakh תָּנָ״ךְ

È l'acronimo di **T**orah (*Legge*), **N**eviim (*Profeti*), **Ke**tuvim (*Scritti*).

תָּנָ״ךְ

תָּנָ״ךְ

תָּנָ״ךְ

Così così kàkhah kàkhah כָּכָה כָּכָה

כָּכָה כָּכָה   כָּכָה כָּכָה

כָּכָה כָּכָה   כָּכָה כָּכָה

כָּכָה כָּכָה   כָּכָה כָּכָה

ALCUNE PAROLE

Sciarpa/Velo tza'if צָעִיף

ALCUNE PAROLE

Asciugamano maghèvet מַגֶּבֶת

מַגֶּבֶת

מַגֶּבֶת

מַגֶּבֶת

Simili ma non identiche

Alcune consonanti, lo avrete notato, si assomigliano davvero tanto. Vediamole di seguito così da ricordarle e da soffermarci sulle loro pur piccole differenze… queste ci aiuteranno a distinguerle.

Lettere quadrate che si assomigliano

b/v ב/ב e **k/kh** כ/כ sono molto simili, ma il segmento di base della ב sporge un po' a destra. Un buon modo per tracciarle correttamente e mantenere la loro diversità è disegnare la כ senza mai staccare la mano, dall'angolo in alto a sinistra (procedendo esattamente al contrario di come facciamo per la nostra c), e tracciare la ב in due tempi, prima i due tratti orizzontale superiore e verticale (come per la כ) e poi, dopo aver staccato la mano, quello di base, iniziando da sinistra e superando il punto di incrocio con il segmento verticale.

gh ג e **n** נ si possono confondere, ma la ג ha la gambetta obliqua che inizia a metà del tratto verticale, mentre la נ ha un trattino di base orizzontale.

y י e **v** ו si distinguono perché il tratto verticale della ו si estende fino al rigo inferiore, mentre la י, più piccolina, sta "appesa" al rigo superiore. Inoltre la ו potrebbe confondersi anche con la **n finale** ן, che però è ancora più allungata verso il basso e scende al di sotto del rigo inferiore.

h ה e **kh** ח sono entrambe aperte sotto. Il segmento verticale sinistro della ה è però corto e, appoggiato sul rigo inferiore, non arriva a congiungersi in alto con il tratto orizzontale; notate inoltre che il tratto orizzontale della ח in alcuni font sporge un po' a sinistra. Una terza lettera aperta sotto, ma forse più facilmente distinguibile grazie al piedino in basso a sinistra, è la **t** ת.

d ד e **r** ר sono aperte sia in basso sia a sinistra. La ר però si traccia senza mai staccare la mano e ha l'angolo curvo, mentre la ד è composta di due tratti separati che si incrociano ad angolo retto: il tratto orizzontale alto, il primo che dev'essere tracciato, procedendo da sinistra, sporge un po' a destra. La **kh finale** ך si distingue perché scende al di sotto del rigo.

Sia la **m finale** ם sia la **s** ס sono completamente chiuse; la ס però è arrotondata in basso.

SIMILI MA NON IDENTICHE

Le lettere corsive che si assomigliano

ɔ **gh** e below **z** sono due gemelle allo specchio: la ɔ è aperta verso destra, la below verso sinistra.

tz ℨ assomiglia un po' a **d** ߴ ma è molto più alta, non fa l'asola in mezzo e "completa" il secondo semicerchio.

Le due **finali f** ჶ e **tz** ჶ sono quasi identiche tra loro, fatta eccezione per l'ultimo tratto, uno svolazzo che nel primo caso scende ad appoggiarsi al tratto centrale, mentre nel secondo caso invece risale.

Esercizio

Scrivete in corsivo queste espressioni:

1. זיתים גדולים .... *Olive grandi*, **zeyṯim ghedolim**
2. צפון \ דרום .... *Nord / sud*, **tzafon / darom**
3. מזרח \ מערב .... *Est / ovest*, **mizrakh / ma'arav̱**
4. דלת צרה .... *Porta stretta*, **dèleṯ tzarah**
5. סלט גזר .... *Insalata di carote* (lett. *carota*), **salat ghèzer**
6. חורף קר .... *Inverno freddo*, **khòref qar**
7. קיץ חם .... *Estate calda*, **qàyitz kham**
8. נוה צדק .... **Neveh Tzèdeq** (un quartiere di Tel Aviv)
9. מזל גדי .... *Segno* (zodiacale) *del Capricorno*, **mazal ghedi**
10. מזל דגים .... *Segno* (zodiacale) *dei Pesci*, **mazal daghim**

Soluzioni

Errori comuni quando si scrive in ebraico

Non è bello sentirselo dire, ma anche se studierete per bene tutte le regole della scrittura, all'inizio commetterete quasi di sicuro svariati errori ortografici! Perché? Abbiamo più volte detto che in alcuni casi quelli che oggi sono omofoni, cioè suoni identici, sono resi graficamente con più di un segno: come già visto, questo succede specialmente con le vocali (e dunque meno male che correntemente non si scrivono!), ma anche con le consonanti. Se dunque sentite pronunciare una parola e volete scriverla, potreste chiedervi con quale consonante rendere un dato suono che avete ascoltato. Ecco i casi specifici:

Tre lettere che sono spesso mute o solo lievemente pronunciate	àlef א, he ה, 'àyin ע
Due lettere che si pronunciano **v**	v̱et ב, vav ו
Due lettere gutturali che si pronunciano **kh** (come nel tedesco *Buch*)	khet ח, k̠haf כ
Due lettere che si pronunciano **t** (talora la **tav** si pronuncia **th** come nell'inglese *this*)	tet ט, ṯav ת
Due lettere che si pronunciano **k**	kaf כ, qof ק
Due lettere che si pronunciano **s**	sàmek̠h ס, s̱in ש

Ovviamente questi segni in passato indicavano suoni diversi: vi rimandiamo alla storia delle singole lettere per approfondire questo argomento.

Come evitare questi errori?

L'unica, l'avrete capito, è imparare a memoria la grafia delle parole che contengono una o più d'una di queste lettere. Certo, se riconoscete la radice della parola da scrivere perché è la stessa di un'altra parola di cui già conoscete l'ortografia, sarete in grado di scrivere da subito con le consonanti corrette anche la parola "nuova".
Del resto, se all'inizio farete qualche inevitabile errore, non sarà poi un male: correggendo gli sbagli vi sarà più facile imparare la grafia giusta!

Non ci resta quindi che augurarvi **behatzlakhah** בהצלחה, buona fortuna, per i vostri studi. (בהצלחה tra l'altro contiene proprio due delle lettere "ambigue" indicate nella tabella sopra: **he** ה e **khet** ח).

Alcune espressioni di uso corrente

Attenzione: in questa esercitazione non scriviamo più le vocali, né il daghesh, né il puntino che distingue **shin** da **s̲in**! Ma, naturalmente, indichiamo la traslitterazione con la pronuncia corretta… Provate a scrivere l'espressione in corsivo. Notate che in ebraico gli aggettivi seguono sempre i sostantivi e che, ovviamente, il genere dei sostantivi può essere diverso da quello dell'italiano. Trovate le soluzioni a pagina 120.

Auguri/Congratulazioni mazal to̲v מזל טוב
Letteralmente *fortuna buona* (m.)

ALCUNE ESPRESSIONI DI USO CORRENTE

Buona festa/Auguri khag s̠amèakh חג שמח

Letteralmente *festa felice* (m.)

ALCUNE ESPRESSIONI DI USO CORRENTE

Buon compleanno yom hulèdet saméakh

יום הולדת שמח

Letteralmente *giorno della nascita felice*

ALCUNE ESPRESSIONI DI USO CORRENTE

Buongiorno bòqer tov̲ בוקר טוב

Letteralmente *mattino buono* - si dice, appunto, solo al mattino

ALCUNE ESPRESSIONI DI USO CORRENTE

Buongiorno tzohoràyim to<u>v</u>im צהריים טובים

Letteralmente *buon mezzogiorno* - si dice dall'ora di pranzo in avanti;
il sostantivo è un duale e l'aggettivo un plurale (non esiste il duale per gli aggettivi)

ALCUNE ESPRESSIONI DI USO CORRENTE

Buona sera 'erev tov ערב טוב

Letteralmente *sera buona* (m.)

ALCUNE ESPRESSIONI DI USO CORRENTE

Buona notte làylah tov לילה טוב

Letteralmente *notte buona* (m.)

ALCUNE ESPRESSIONI DI USO CORRENTE

Buona settimana shavùa' tov שבוע טוב

Letteralmente *settimana buona* (m.)

ALCUNE ESPRESSIONI DI USO CORRENTE

Buon shabbat/sabato shabbat shalom שבת שלום

Letteralmente *shabbat di pace*

ALCUNE ESPRESSIONI DI USO CORRENTE

Buon anno shanah tovah שנה טובה

Letteralmente *anno buono (f.)*

ALCUNE ESPRESSIONI DI USO CORRENTE

Che novità/Che si dice? mah khadash? ?מה חדש

Letteralmente *che cosa (c'è) di nuovo*

ALCUNE ESPRESSIONI DI USO CORRENTE

Come stai (m.)? mah shlom<u>kh</u>a? ?מה שלומך

Letteralmente *che cosa (è) la tua* (m.) *salute?* (rivolgendosi a un maschio)

ALCUNE ESPRESSIONI DI USO CORRENTE

Come stai (f.)? mah shlome<u>kh</u>? ‏?מה שלומך‎

Letteralmente *che cosa (è) la tua* (f.) *salute?* (rivolgendosi a una femmina)

ALCUNE ESPRESSIONI DI USO CORRENTE

Soluzioni

Auguri/Congratulazioni מזל טוב

Buona festa/Auguri חג שמח

Buon compleanno יום הולדת שמח

Buongiorno (al mattino) בוקר טוב

Buongiorno (da mezzogiorno) צהריים טובים

Buona sera ערב טוב

Buona notte לילה טוב

Buona settimana שבוע טוב

Buon shabbat/sabato שבת שלום

Buon anno שנה טובה

Che novità/Che si dice? מה חדש?

Come stai (m.)? מה שלומך?

Come stai (f.)? מה שלומך?

Qualche proverbio

Per abituarvi alla scrittura senza vocali, ecco alcuni proverbi: ve li proponiamo in scrittura quadrata non vocalizzata ma con la traslitterazione fonetica, così che sappiate la pronuncia corretta: voi dovete provare a scriverli in corsivo. Ricordate che nella traslitterazione annotiamo l'accento soltanto quando non cade sull'ultima sillaba.
Soluzioni a pagina 124.

1) Chi entra nel tuo cuore non uscirà dalla tua testa.

Mi shenikhnas lekha lalev, lo yotze lekha meharosh.

מי שנכנס לך ללב, לא יוצא לך מהראש.

2) Dio non aiuta chi si siede a braccia conserte.

Elohim eno 'ozer lemi sheyoshev bekhibuq yadàyim.

אלוהים אינו עוזר למי שיושב בחיבוק ידיים.

3) La rivalità fra eruditi accresce la scienza.

Qinat soferim tarbeh khokhmah.

קינאת סופרים תרבה חוכמה.

4) Il vino rallegra il cuore dell'uomo (Salmi 104, 15).

Yàyin yismakh levav enosh.

יין ישמח לבב אנוש.

QUALCHE PROVERBIO

5) Chi è il saggio? Colui che impara da ogni uomo.
Mi hu hekha<u>kh</u>am? Halomed mikol adam.

מי הוא החכם? הלומד מכל אדם.

6) Chi è l'uomo degno di onore? Colui che onora (tutto) il creato.
Mihu hame<u>kh</u>ubad? Hame<u>kh</u>abed e<u>t</u> habriyu<u>t</u>.

מיהו המכובד? המכבד את הבריות.

7) Per l'onore si deve lavorare.
Bish<u>v</u>il ka<u>v</u>od tzari<u>kh</u> la'a<u>v</u>od.

בשביל כבוד צריך לעבוד.

8) Chi è pignolo non insegna, chi è timoroso non studia.
Lo haqapdan melamed velo habayshan lomed.

לא הקפדן מלמד ולא הבישן לומד.

9) Ho imparato molto dai miei maestri, ma dai miei allievi più che da ogni altro.
Harbeh lamàd<u>t</u>i merabo<u>t</u>ay umi<u>t</u>almiday yo<u>t</u>er mikulam.

הרבה למדתי מרבותי ומתלמידי יותר מכולם.

QUALCHE PROVERBIO

10) Il castigo del bugiardo è che non gli credano anche quando dice la verità.
Ha'ònesh shel hashaqran afìlu keshehu omer emet en maaminim lo.

העונש של השקרן אפילו כשהוא אומר אמת אין מאמינים לו.

11) Chi è ospite per un attimo vede ogni magagna.
Orèakh larègha' roeh kol pègha'.

אורח לרגע רואה כל פגע.

E concludiamo con lo slogan per la sicurezza stradale…

12) Meglio perdere un attimo nella vita che perdere la vita in un attimo.
Mutav lehafsid règha' bakhayim measher lehafsid et hakhayim berègha'.

מוטב להפסיד רגע בחיים מאשר להפסיד את החיים ברגע.

QUALCHE PROVERBIO

Soluzioni

1) מי שנכנס לך לגוב, כדאי וצא לך מהרוב.
2) אלוהים אינו אוהב למי שיושב בחיבוק ידיים.
3) קינאות סופרים תרבה חוכמה.
4) יין ישמח לבב אנוש.
5) מי הוא החכם? הלומד מכל אדם.
6) מיהו המכובד? המכבד את הבריות.
7) בשביל כבוד צריך לעבוד.
8) כל הקפדן אמנו ולא הבישן לומד.
9) הרבה למדתי מרבותי ומתלמידי יותר מכולם.
10) העונג של הפקרן כולו כאהבו אוות אין מאמינים לו.
11) אורח לרגע רואה כל פגם.
12) מוטב להפסיד רגע בחיים מאשר להפסיד את החיים ברגע.

L'uso delle lettere come numeri e il calendario

Fin dall'antichità a ciascuna consonante era associato un valore numerico: l'abbiamo indicato nello schema alle pagine 11-12 e ne abbiamo parlato trattando delle singole lettere.
I numeri dall'11 al 19 si compongono con il 10 (י) e, di seguito, l'unità (א, ב e via dicendo); allo stesso modo quelli al di sopra del 20 si compongono con כ seguita dall'unità… e così via anche per le centinaia. In mezzo alle lettere che compongono il numero si segnano due virgolette per indicare che non si tratta di una parola unica, ma di due lettere da intendersi come cifre: 12 = י"ב. Questo vale anche quando le cifre sono più di due, cioè quando ad esempio ci sono anche le centinaia: le virgolette vanno sempre poste fra la penultima e l'ultima lettera, come in 122 = קכ"ב. Notate, per inciso, che queste virgolette si usano anche per le sigle e gli acronimi: ad esempio, la città di Tel Aviv תל אביב viene spesso indicata semplicemente come T.A. ת"א.

La data secondo il calendario ebraico (che inizia con la data ipotetica della Creazione del mondo) per lungo tempo è stata indicata proprio usando le lettere: lo vediamo ad esempio nel caso dell'anno di edizione dei libri. Quando si voleva segnalare che un libro era stato stampato nel 5422 dalla Creazione del mondo, cioè il 1641-1642 (gli anni ebraici e quelli del calendario gregoriano non corrispondono perfettamente, si veda oltre), si scriveva תכ"ב cioè 422 (il cinquemila era in genere sottinteso).

Il calendario ebraico

Come accennato, anche se in Israele oggi ci si riferisce spesso al calendario gregoriano, esiste un calendario ebraico tradizionale, simile a quelli di tanti altri popoli del Vicino Oriente Antico, che ha in primo luogo una valenza in ambito religioso, ma che resta in vigore pure nella vita "di tutti i giorni". Mentre il calendario gregoriano è solare e aggiunge un giorno ogni quattro anni, quello ebraico è luni-solare: si tratta, in altre parole, di un calendario lunare, coi mesi di soli 28 giorni, che però aggiunge un mese intero sette volte all'interno di un ciclo di 19 anni, così da riallinearsi con le stagioni. L'anno liturgico ebraico inizia nel mese (**khòdesh** חודש) di **nissan** ניסן o נסן, a cavallo fra marzo e aprile, ma l'anno civile ebraico inizia a **ṭishri** תשרי, fra i mesi di settembre e ottobre, quando cade appunto la festa di **Rosh Hashanah** ראש השנה, Capodanno.

Nella prossima pagina trovate uno specchietto dei mesi del calendario ebraico.

L'USO DELLE LETTERE COME NUMERI E IL CALENDARIO

תשרי	tishri	settembre-ottobre
חשון	kheshvan	ottobre-novembre
כסלו	kislev	novembre-dicembre
טבת	tevet	dicembre-gennaio
שבט	shevat	gennaio-febbraio
אדר	adar	febbraio-marzo
נסן	nissan	marzo-aprile
איר	iyyar	aprile-maggio
סון	sivan	maggio-giugno
תמוז	tammuz	giugno-luglio
אב	av	luglio-agosto
אלול	elul	agosto-settembre

Il tredicesimo mese è inserito fra אדר e נסן e si chiama **adar sheni** אדר שני, oppure **adar b** אדר ב, cioè *secondo adar*, o anche ואדר **veadar**, *e adar*. Quando viene inserito il tredicesimo mese, i mesi possono essere un po' sfasati rispetto allo schema indicato a fianco: **elul** finisce dunque ai primi di ottobre, **tishri** ai primi di novembre e così via.

I mesi sono di quattro settimane. La parola ebraica che indica la settimana, **shavùa'** שבוע, viene proprio dal numero 7 **shèva'** שבע (f.)/**shiv'ah** שבעה (m.). I giorni della settimana si indicano con i numeri ordinali (primo giorno, secondo giorno e così via… oppure in alternativa si usano le prime sette consonanti con valenza numerica). Visto che l'ultimo giorno della Creazione, come noto, fu il sabato… il primo giorno della settimana è la domenica!

יום ראשון / יום א	yom rishon / yom àlef	domenica
יום שני / יום ב	yom sheni / yom bet	lunedì
יום שלישי / יום ג	yom shelishi / yom ghìmel	martedì
יום רביעי / יום ד	yom revi'i / yom dàlet	mercoledì
יום חמישי / יום ה	yom khamishi / yom he	giovedì
יום שישי / יום ו	yom shishi / yom vav	venerdì
שבת	shabbat	sabato

Nei calendari stampati spesso si trova un prospetto sinottico che presenta il calendario gregoriano e quello ebraico insieme. Come vedete dall'esempio a fianco, preso dal calendario 2016, sulla prima riga ci sono a destra il mese di ottobre, אוקטובר e a sinistra i due mesi ebraici a cavallo di ottobre, ossia **elul** אלול e **tishri** תשרי (il 2016 era un anno con 13 mesi e dunque rientra proprio nell'eccezione summenzionata).
Sulla seconda riga ci sono le prime sette lettere ebraiche che indicano i giorni da domenica a sabato e, sotto, il rispettivo numero del giorno secondo il calendario civile, scritto in cifre arabe, con a fianco le consonanti ebraiche (e le virgolette per separarle) che indicano il numero del giorno secondo il calendario ebraico.

L'USO DELLE LETTERE COME NUMERI E IL CALENDARIO

			אוקטובר			אלול - תשרי	
א	ב	ג	ד	ה	ו	ש	
						1 כ"ח	
2 כ"ט	3 א' ראש השנה	4 ב' ראש השנה	5 ג' צום גדליה	6 ד'	7 ה'	8 ו'	
9 ז'	10 ח'	11 ט'	12 י' יום כיפור	13 י"א	14 י"ב	15 י"ג	
16 י"ד	17 ט"ו סוכות	18 ט"ז א חוה"מ	19 י"ז ב חוה"מ	20 י"ח ג חוה"מ	21 י"ט ד חוה"מ	22 כ' ה חוה"מ	
23 כ"א הושענא רבה	24 כ"ב שמחת תורה	25 כ"ג אסרו חג	26 כ"ד	27 כ"ה	28 כ"ו	29 כ"ז	
30 כ"ח	31 כ"ט						

Al giorno d'oggi le lettere si usano soprattutto con il valore di numeri ordinali, ad esempio per indicare le **classi scolastiche**:

כיתה א	kitah àlef
כיתה ב	kitah bet
כיתה ג	kitah ghìmel
כיתה ד	kitah dàlet
כיתה ה	kitah he
כיתה ו	kitah vav
כיתה ז	kitah zàyin
כיתה ח	kitah khet
כיתה ט	kitah tet
כיתה י	kitah yod
כיתה י"א	kitah yod-àlef
כיתה י"ב	kitah yod-bet

Il sistema israeliano prevede sei classi di scuola primaria, dalla classe (**kitah**) א alla ו, tre classi di scuola secondaria inferiore, dalla ז alla ט, e tre classi di secondaria superiore, dalla י alla י"ב. Alcune scuole professionali prevedono una tredicesima classe, כיתה י"ג, **kitah yod-ghìmel**.

Osservazioni conclusive

Sulle lettere ebraiche si scrive molto, anche a sproposito. Si tratta di un argomento che comprensibilmente affascina tante persone e che, di conseguenza, si presta alle speculazioni più varie: queste, spesso, non solo sono prive di scientificità, ma sono anche completamente slegate dalla tradizione letteraria ed esegetica ebraica.

Il nostro consiglio a questo proposito è quello di saper distinguere fra testi scientificamente documentati e testi che, pur non essendo privi di fascino, sono piuttosto frutto della sensibilità e delle interpretazioni personalissime degli autori. Di seguito abbiamo scelto di indicare due soli **manuali in italiano**, dedicati alla lingua e alla scrittura ebraica, dai quali poter trarre ulteriore bibliografia scientifica. Si tratta di:

Olivier Durand, *La lingua ebraica*, Paideia Editrice, Brescia, 2001.

Giovanni Garbini, Olivier Durand, *Introduzione alle lingue semitiche*, Paideia Editrice, Brescia, 1994.

Le lettere ebraiche sono inoltre oggetto di molte "interpretazioni artistiche": utilizzate variamente nelle opere pittoriche, come nei quadri di Tobia Ravà, e nelle creazioni materiche di Gabriele Levy e Ariela Böhm, per restare all'Italia, le lettere sono da sempre al centro della tradizione decorativa del mondo ebraico, complice anche il divieto di rappresentare immagini espresso nel secondo comandamento.

Stampato in Italia nel mese di agosto 2018 presso Stamperia Artistica Nazionale S.p.A. - Trofarello (TO)